BIBLIOTECA ANTAGONISTA

25

ay EDITORA ÂYINÉ

Belo Horizonte | Veneza

DIRETOR EDITORIAL
Pedro Fonseca

CONSELHEIRO EDITORIAL
Simone Cristoforetti

PRODUÇÃO
Zuane Fabbris editor

IMAGEM DA CAPA
Julia Geiser

PROJETO GRÁFICO
ernésto

EDITORA ÂYINÉ
Praça Carlos Chagas, 49 2° andar
CEP 30170-140 Belo Horizonte
+55 (31) 32914164
www.ayine.com.br
info@ayine.com.br

DONATELLA DI CESARE
TERROR E MODERNIDADE

TRADUÇÃO **André Cotta**
PREPARAÇÃO **Silvia Massini Felix**
REVISÃO **Andrea Stahel, Ana Martini**

TÍTULO ORIGINAL:
TERRORE E MODERNITÀ

© 2017 Giulio Einaudi editore s.p.a., Torino
© 2019 EDITORA ÂYINÉ

ISBN 978-85-92649-47-0

PAPEL: Polen Bold 90 gr
IMPRESSÃO: Artes Gráficas Formato

1ª edição Julho 2019

SUMÁRIO

Capítulo 1 | O terror planetário **17**
1. Bataclan 17
2. Guerra ao terror 23
3. A guerra civil global 28
4. A bomba da modernidade 34
5. O fantasma de Bin Laden 37
6. Filosofias do terrorismo 40
7. Brigadas Vermelhas, RAF e a troca impossível 46
8. A arma absoluta da própria morte 51
9. O atmoterrorismo: Auschwitz, Dresden, Hiroshima etc. 54
10. Heidegger e a proibição da existência da biosfera 60
11. O monopólio da negação 62
12. Metafísica do atentado 66

Capítulo 2 | Terror, revolução e soberania **71**
1. Um nome de origem controlada 71
2. Desativar o campo minado do terrorismo 75
3. Notas sobre medo, angústia e terror 81
4. O terror revolucionário não é terrorismo 87
5. Os terroristas são niilistas? 93
6. Por que defender os anarquistas 100
7. Dostoiévski e o terrorista que mora em mim 104
8. Terror e soberania. Sobre Lênin 107
9. «Era uma vez a revolução» 113
10. O partisan, o guerrilheiro, o terrorista 117

Capítulo 3 | Jihadismo e modernidade **127**
1. Radicalização 127
2. Teologia política do neocalifado planetário 132
3. Os cavaleiros pós-modernos do apocalipse 142
4. O itinerário para o terror 145
5. Ciberterrorismo 152
6. Tanatopolítica jihadista 154
7. Mídia, novas mídias e terror 166
8. Carro-bomba 173
9. Explosões, massacres, decapitações 178
10. Vulnerabilidade, ou sobre a inocência perdida 184
11. A ética negada do refém 187
12. O futuro nos tempos do terror 193

Capítulo 4 | Sobre a insônia da polícia **197**
1. Choque de civilizações, luta de classe ou guerra «sacra»? 197
2. A ofensiva do laicismo radicalizado 201
3. A hermenêutica contra a violência 203
4. Narcótica ou excitante? A religião segundo Marx 206
5. Esquerda e *jihad* 211
6. Brigadas da Espanha — Brigadas da Síria 219
7. O terror do capitalismo global 221
8. A democracia no teste do antiterrorismo 224
9. Snowden. Sobre a vigilância planetária 227
10. A nova fobocracia 230

BIBLIOGRAFIA 237

Capítulo 1
O TERROR PLANETÁRIO

Não existe uma história universal que nos leva do estado de selvageria à humanidade, mas existe aquela que nos leva da catapulta à bomba atômica.[1]

Theodor W. Adorno, *Dialética negativa*

1. Bataclan

À medida que os gritos dos alunos que saem desordenados do Colégio Robespierre silenciam, ressurge o habitual ruído de fundo que pontua o ritmo da rue Georges-Tarral, uma pequena rua no modesto bairro parisiense de Bobigny. É a tarde de 13 novembro de 2015. Num apartamento anônimo do segundo andar de um prédio moderno em frente à escola, depois de uma longa preparação, sete homens se armam de celulares, fuzis *kalashnikov* e cintos explosivos. Eles fazem parte de dois esquadrões: o que atacará o Stade de France e o que tem como alvo os bistrôs do XI *arrondissement*, região que é um símbolo da abertura e do encon-

....
1 T. W. Adorno, *Dialettica negativa*. Turim: Einaudi, 1975. p. 287.

tro de culturas em Paris. Os membros do terceiro esquadrão estão alojados no *residence* Appart'City de Alfortville, localizado a pouco mais de dez quilômetros da Place de la République.

A operação é considerada «oblíqua», pela estratégia utilizada: organizada na Síria e comandada da Bélgica. Mohamed Belkaid, um argelino de 35 anos, conhecido das forças antiterrorismo francesas e mentor religioso do grupo, coordena os ataques utilizando apenas um celular Samsung e dois chips. Belkaid morrerá no dia 15 de março de 2016 em Forest, depois de escapar de três incursões da polícia belga para cobrir a fuga de Salah Abdeslam.

De uma ponta a outra de Paris, os três esquadrões atuam em perfeita sincronia. Nada é deixado ao acaso. O primeiro ataque, durante a partida de futebol, tem o objetivo de desviar a atenção da polícia. O segundo, uma série de ataques surpresa, serve para atrair as forças policiais e os socorristas, abrindo assim caminho para a terceira e definitiva ofensiva, a carnificina do Bataclan. O resultado das ações é de 130 mortos e mais de 360 feridos. Esse foi o ataque mais sangrento em solo francês desde a Segunda Guerra Mundial. Além dos efeitos devastadores das explosões, os homens dos três esquadrões fizeram cerca de seiscentos disparos com os fuzis *kalashnikov*. A rápida sequência de atentados transforma o coração da metrópole num cenário bélico nos moldes do Iraque e da Síria. A escuridão recai sobre a Cidade Luz numa longa noite de sangue. Pela primeira vez, as vítimas não são inimigos declarados — jornalistas ou muçulmanos apóstatas —, como na tragédia do *Charlie Hebdo*, nem judeus, como no caso do mercado Hyper Casher, em

Porte de Vincennes. O jihadismo global se destitui de qualquer tipo de critério: os massacres são indiscriminados.

Os três carros usados no ataque — um Polo, um Seat e um Clio — têm placas belgas. Foram alugados por Brahim e Salah Abdeslam, dois irmãos franco-marroquinos que cresceram em Molenbeek-Saint-Jean, um subúrbio superpovoado de Bruxelas, bastião do islamismo no país. Contudo, não é possível afirmar que Brahim e Salah sejam muçulmanos fervorosos. Depois de colecionarem uma série de condenações por pequenos delitos, em 2013 os irmãos abrem o bar Les Béguines, onde o álcool, o jogo e o tráfico fazem parte do dia a dia. Usuário de maconha, introvertido e influenciável, Brahim, de 31 anos, é muito diferente do irmão caçula, Salah, que é mulherengo, amante de carros e passa os dias assistindo a vídeos do Estado Islâmico (Daesh). Ambos se radicalizaram apenas um ano antes e desde então se dedicaram à preparação do atentado. Salah foi o único sobrevivente; depois de fugas cinematográficas, foi preso no dia 18 de março de 2016 e hoje está encarcerado na prisão de segurança máxima de Fleury-Mérogis.

Pouco se sabe a respeito de Mohammad al-Mahmod e Ahmad al-Mohammad, ambos iraquianos, que se explodiram em frente ao estádio. Esse foi o mesmo destino do mais jovem dos jihadistas, o belga de vinte anos Bilal Hadfi, que se juntara ao grupo um ano antes na Katībat al-Muhājirīn, a brigada dos imigrantes na Síria, onde conheceu Chakib Akrouh, um franco-marroquino de 25 anos, e também Abdelhamid Abaaoud, cujo vídeo em que dirige uma caminhonete arrastando cadáveres de civis sírios pelo deserto de Raqqa viralizou na internet. Mesmo sendo procurado por muitos serviços de inteligência, Abaaoud, que possuía passaporte belga, consegue chegar à capital francesa, onde se prepara para guiar um grupo de nove homens numa sofisticada operação terrorista sem precedentes.

Os três protagonistas do massacre do Bataclan são franceses de origem argelina. Samy Amimour, de 28 anos, de olhar vidrado, bigode fino e cabeça quente — a qual será encontrada depois de quatro horas no cenário dos ataques, separada do corpo pela força das bombas de seu cinto explosivo. De rosto abatido, olhos azuis, barba longa e fina, Ismaël Omar Mostefaï teria completado trinta anos no dia 21 de novembro; depois de um passado cometendo pequenos furtos, aparece num vídeo decapitando um refém. No Bataclan, luta até o último momento. Ao seu lado se explode Foued Mohammed-Aggad, 23 anos, de Estrasburgo. Muçulmano praticante, tem as axilas raspadas — uma prática seguida pelos «mártires» antes de morrer —, como puderam constatar na autópsia os médicos-legistas, que notaram também a presença de uma «área de hiperqueratose», uma marca deixada na testa devido à posição prostrada durante os frequentes momentos de oração. Os três jihadistas, que passaram por uma formação de dois anos no Estado Islâmico, têm a determinação dos combatentes.

Às 21h17, com a primeira explosão, começa uma série ininterrupta de ataques. Ahmad al Mohammad se desintegra em frente ao portão D do Stade de France. Depois de dois minutos é a vez de Mohammad al-Mahmod, que escolhe o portão H. Apesar de os estilhaços metálicos contidos nas bombas terem provocado dezenas de feridos, o estrago poderia ter sido muito maior se as explosões tivessem acontecido dentro do estádio. A decisão dos jihadistas de acionarem as bombas do lado de fora permanece um mistério; não se sabe se foi um contratempo ou uma decisão premeditada. É 21h20 o horário do último telefonema entre Abaaoud e Bilal Hadfi, antes que este se exploda.

O Seat com o segundo esquadrão começara poucos minutos antes o giro dos bares e restaurantes: Carillon, Petit Cambodge, La Bonne Bière. Sob as balas dos *kalashnikov* — essa arma de guerra fácil de comprar e de manusear — morrem mulheres, homens e crianças que são *soft target, high value,* ou seja, alvos fáceis de grande valor. O balanço é de 39 vítimas. Ao término desse périplo da morte, Brahim Abdeslam desce do carro e senta-se por alguns instantes no bistrô Comptoir Voltaire. As imagens das câmeras de segurança mostram com clareza seu gesto: ele se levanta lentamente, põe a mão esquerda sobre os olhos, como que para protegê-los, e com a direita aciona o cinturão com os explosivos.

Um café-concerto de estilo oriental, inaugurado em 1865, o nome Bataclan — originalmente Ba-Ta-Clan — deriva de uma canção de sucesso composta por Jacques Offenbach. O local, que sempre funcionou como uma casa de espetáculos, oferece uma programação variada que inclui também shows de rock. No dia 13 de novembro, quem toca ali é o grupo Eagles of Death Metal, uma banda californiana. Mais de 1500 pessoas se espremem na plateia enquanto dançam, pulam e tiram selfies. Jesse Hughes dedilha sua guitarra. São 21h50 quando o grupo toca «Kiss the Devil» [Beije o diabo]. Os primeiros versos cantam: *I meet the devil and this is his song* [Encontro o diabo e esta é sua canção]. No mesmo instante começam os primeiros disparos, de início confundidos com efeitos especiais.

On est parti, on commence. Essa é a última mensagem enviada a Abaaoud pelo terceiro esquadrão prestes a entrar no Bataclan. «Já fomos, começamos.» As primeiras vítimas são feitas na entrada, na calçada. Dentro da casa de espetáculos, as rajadas dos *kalashnikov* tomam o lugar da música e por meia hora dão o tom da carnificina. De perto ou de longe, mirando a cabeça ou disparando a esmo, entre súplicas e gritos de dor, o massacre não para. Amimour e Mostefaï caminham entre os corpos para matar os que sobreviveram aos tiros. «Por que estamos fazendo isso? Vocês bombardearam nossos irmãos na Síria e no Iraque. Por que viemos aqui? Para fazer o mesmo.» Começam a falar, brevemente, para reivindicar a ação. Às 22h19 sobem para o segundo andar com um grupo de reféns. Nesse meio-tempo, a agência de notícia Reuters lança o alarme, mas ninguém imagina a proporção dos ataques. O batalhão especial da BRI, Brigade Recherche Intervention, a unidade de elite da polícia francesa, se dirige ao Bataclan. Contudo, não há nada para ser negociado. Os jihadistas querem apenas se certificar de que a imprensa já está ali.

Às 23h40, Barack Obama faz um pronunciamento para condenar «um ataque não só contra Paris, mas contra toda a humanidade e nossos valores universais». Poucos minutos depois, François Hollande anuncia estado de emergência em todo o território francês e fecha as fronteiras do país.

Já passa da meia-noite quando o batalhão da BRI começa sua ação. Granadas e disparos. Foued Mohammed-Aggad se explode.

Uma bala atinge o coração de Mostefaï. O macabro espetáculo acabou. No chão, pilhas de corpos desmembrados, partes emaranhadas e sangue por todo lado. Dentro da sala reina um silêncio de morte interrompido apenas pelos celulares que tocam no vazio. As vítimas têm, em média, a mesma idade dos jihadistas. «Alguns homens irritados fizeram ouvir seu veredito com armas automáticas. Para nós, essa é uma condenação para a vida inteira», escreveu Antoine Leiris, que perdeu a jovem esposa Hélenè Muyal no Bataclan.[2]

No dia seguinte, de manhã, um comunicado do Estado Islâmico é publicado no YouTube, reivindicando «os atentados de sexta-feira ocorridos em Paris».

2. Guerra ao terror

Estamos em guerra? Essa é a pergunta que muitos se fazem sem encontrar respostas. Como se mesmo sobre isso houvesse dúvida, confusão e desorientação. No entanto, no rescaldo dos ataques de 13 de novembro de 2015 em Paris, as autoridades francesas falaram explicitamente em «guerra». Por sua vez, muitos líderes ocidentais utilizaram o termo, declarando «guerra» ao califado negro. Se por um lado isso surpreendeu os juristas, perplexos com a possibilidade de considerar o Estado Islâmico parte beligerante, por outro irritou analistas, cientistas políticos e simples cidadãos,

---
[2] A. Leiris, *Non avrete il mio odio*. Milão: Mondadori, 2016. p. 17.

para os quais o termo remetia à inquietante *war on terror*, proclamada por George W. Bush depois do Onze de Setembro.

Estamos em guerra e, ao mesmo tempo, não estamos em guerra. Essa contradição mostra como é difícil decifrar nossa época, ainda ancorada aos vínculos de paz e mesmo assim já direcionada a um conflito. Talvez o novo fenômeno seja justamente a incapacidade de distinção entre guerra e paz. É como se uma área cinza estivesse crescendo, fazendo desaparecer as fronteiras tradicionais do pensamento até torná-las irreconhecíveis. Paz e guerra já não se contrapõem mais luz e sombra, e nesse *chiaroscuro* ameaçam dissipar outros limites. Enquanto a paz se parece cada vez mais com um longínquo espectro, a guerra se dissemina em vários lugares. Mas de que tipo de guerra se trata?

Explicitamente foram reivindicadas a «guerra santa» e a «guerra justa»: de um lado o ataque ao Ocidente, do outro a resposta americana legitimada, no dia 11 de outubro de 2001, no momento da invasão ao Afeganistão, como uma interminável ação de reparação. Da «guerra justa» surgiu a *Infinite Justice*, a «justiça infinita», o primeiro codinome da contraofensiva que depois foi substituído pelo termo mais suave *Enduring Freedom*, «liberdade duradoura». Em ambas as reivindicações, que impõem a própria versão do conflito, emerge o presságio de que a guerra, santa ou justa, não terá fim.

A guerra, ilimitada e infinita, que teve início com o Onze de Setembro, no nascer do novo século, não contradiz o «fim da guerra» que a filosofia constatou há tempos. De fato, a guerra sempre foi entendida como um conflito armado, motivado por um objetivo político, definido por regras, capaz de regular e dar forma ao caos potencial; a conclusão óbvia é a paz, mesmo que provisória e precária. Essa concepção clássica da guerra acabou, mas fim da guerra não quer dizer fim da violência. A humanidade entrou num período da própria história que se distingue por «estados de violência».[3] O conflito deixa de lado os rituais e abandona os protocolos, o direito fica em frangalhos, a desordem não se deixa dominar, a destruição rompe barreiras e viola tabus.

A mudança não poderia ser mais profunda. É, aliás, epocal, no sentido de que marca uma época, a da globalização. Por essa razão, pode-se falar de «guerra global».[4] Embora o termo «guerra» pareça dar ênfase mais à continuidade do que a uma pausa, não há termo mais apropriado para descrever a condição inédita de um mundo com armas em punho, resignado a não depô-las.

Difundida, intermitente e endêmica, a nova guerra global não é um evento que deixa uma marca específica na história. Ao contrário, é um estado permanente de violência, uma beligerância que ameaça se perpetuar ao infinito, uma hostilidade absoluta, sem limites, que se torna o modo de existir. A guerra deveria ser uma escolha extrema, uma exceção transitória, limitada no tempo e no espaço, mas se torna um processo crônico. Quaisquer que sejam os inúmeros objetivos dos diversos conflitos que assolarão o mundo, a guerra não terá fim. Seu ciclo não se fechará, não existirá uma

---

3 F. Gros, *États de violence: Essai sur la fin de la guerre*. Paris: Gallimard, 2006.

4 C. Galli, *La guerra globale*. Roma-Bari: Laterza, 2002.

conclusão. A guerra do novo milênio, que se anuncia milenária, englobou em si a paz porque é uma guerra que, em sua expansão totalizante, se fundiu numa só em todo o globo.

Aqui se faz uma distinção relativa aos cenários bélicos precedentes. Para entendê-la em sua profundidade é necessário reconsiderar a relação entre guerra e política. O teórico prussiano Carl von Clausewitz escreveu: «A guerra é a continuação da política por outros meios».[5] Essa célebre frase resume como, na modernidade, a guerra sempre foi considerada o último instrumento da política. Mesmo Carl Schmitt, que criticou Clausewitz e indicou na guerra o «pressuposto da política», não conseguiu fugir dessa visão moderna.[6] Prova disso é sua perplexidade em relação às ditas áreas nebulosas e seu esforço para manter limites estáveis — em primeiro lugar aquele entre guerra e paz. Todo o pensamento político de Schmitt gira em torno do conceito de limite.

Martin Heidegger foi o primeiro a lançar um olhar visionário além da modernidade. Numa página dos *Cadernos negros*, o filósofo fala de uma guerra total que não é nem pressuposto nem continuação da política, mas sim uma «*transformação* da 'política'».[7] Nascida de seu ventre, é a excrescência que prevaleceu. Sem ser decidida por um ato soberano, a guerra força a política a tomar

....

5 C. von Clausewitz, *Della guerra*. Milão: Mondadori, 1970. Parte II, p. 811.

6 C. Schmitt, «Il concetto di 'politico'». In: _____. *Le categorie del «politico»*. Bolonha: il Mulino, 2012. pp. 101-66, p. 117.

7 M. Heidegger, *Riflessioni* XII-XV (*Quaderni neri 1939-1941*). Milão: Bompiani, 2016. p. 182.

decisões tão essenciais quanto imponderáveis. Aqui já não há vencedores e vencidos, a paz não tem espaço simplesmente porque a guerra se tornou global e o globo se tornou guerra.

Enquanto corria a Segunda Guerra Mundial, talvez Heidegger tenha sido o único a intuir que a relação entre guerra e política estava se transformando, a tal ponto que a guerra deixaria sua marca indelével na violenta uniformização do mundo que hoje chamamos de globalização.

A guerra global, que marca a ruptura com o passado, é o modo pelo qual a nova política planetária se manifesta, é o nascimento de um mundo empunhado em armas, é a revelação da globalização armada.

Por isso, deve-se falar de Primeira Guerra Global, não de Terceira Guerra Mundial; caso contrário, poder-se-ia pensar que a guerra atual seja um simples embate de visões de mundo, por exemplo o americano e o islâmico. As guerras mundiais acabaram no século xx. Não faltaram, porém, inquietantes sinais premonitórios, sobretudo com a Segunda Guerra Mundial. Por exemplo, a industrialização da guerra, uma cadeia de montagem na qual os soldados eram utilizados como operários, de acordo com o ritmo da mobilização total. Não se pode deixar de lado também a figura do inimigo interno, que durante o Terceiro Reich foi materializada nos judeus. Contudo, naquele cenário de beligerância, as frentes, geográficas e ideológicas, eram bastante claras, assim como eram claras as estratégias e os objetivos das partes. Apesar de tudo, a política ainda conseguia dar forma ao mundo. A guerra se conclui com um acordo de paz, mesmo que precário, e tem início uma ordem bipolar.

A Guerra Fria marcou a linha do pôr do sol, o último horizonte da modernidade. Nessa época era difícil imaginar que justamente a tensão entre as duas superpotências seria o freio do advento de uma nova era, muito mais violenta. Do derretimento do gelo, que muitos entenderam como a metáfora de uma nova primavera, se formou o mar tempestuoso da globalização. Dez anos após o fim da União Soviética, o ataque ao coração dos Estados Unidos, a hiperpotência vitoriosa, que ficou no epicentro do caos mundial, ditou a passagem para a incógnita da era da pós-modernidade. O Onze de Setembro foi a primeira revelação dramática da guerra global.

3. A guerra civil global

Existe a tentação de tentar interpretar esse mar tempestuoso, com suas correntes e ondas, de acordo com esquemas conhecidos e consolidados. Contudo, a globalização supera a lógica liberal, a crítica marxista, o pensamento negativo. Para os casos em que faltam formas definidas e nítidas diferenças, não apenas os conceitos, mas também as metáforas são inadequadas. Sendo assim, a ideia da «modernidade líquida» formulada por Zygmunt Bauman parece enganadora porque nos faz pensar que a era moderna não terminou. Além disso, chamando a atenção para a fluidez da realidade, que é incontestável, Bauman deixa de lado a rigidez, as resistências e os atritos que fomentam o potencial conflito permanente.

Seria melhor falar de «desordem global», desde que se tenha em mente que o caos apresenta diversas nuances, muitas vezes contrapostas, e a desordem é plural.

Domínio planetário das técnicas, expansão da economia capitalista, triunfo do mercado, enorme movimento comercial, tirania das finanças, aceleração do ritmo de produção, competitividade, o fim do Estado-nação, crise da democracia, inquietações sociais, reivindicações étnicas, fluxo migratório mundial sem precedentes — a globalização é tudo isso e mais um pouco. Todo fenômeno precisa ser relido quando, num novo contexto, assume significados desconhecidos e inesperados. Contudo, o que se percebe com clareza é que a inclusão das vidas foi, em grande parte, também exclusão. Aos poucos, a rede foi se revelando segundo uma linha de crises, abismos de depressão, onde a maior parte dos envolvidos se encontra. A globalização se completou sob o signo de uma violenta desigualdade. É por isso que há tempos se tornou uma globalização armada.

A luta armada está se espalhando por todos os cantos do globo. Já não existem frentes ou fronteiras. Sobretudo, desapareceu a demarcação mais antiga e tranquilizadora: a que divide o interno do externo. A exterioridade se dissolveu. No planeta já não há bordas externas; a parte interna é atravessada por águas agitadas. Essa inédita paisagem geopolítica, marcada por inúmeros conflitos de baixa intensidade, explica as características da guerra global. Uma vez que todos os pontos do globo estão conectados, até mesmo uma luta periférica poderia se tornar uma centelha cósmica. Todos os conflitos são potencialmente globais porque ocorrem na desordem planetária que não é capaz de contê-los; pelo contrário, tal desordem lhes serve de suporte. Se qualquer localidade pode se tornar uma nova frente, as antigas estratégias de ataque e de retirada se tornam inócuas. A guerra global é caracterizada por atentados, represálias, incursões, bombardeios cirúrgicos, operações high-tech executadas à distância por especialistas, drones. Um estalar de dedos pode explodir uma cidade no outro lado do planeta. Dissolvida a frente, combate-se à distância para atacar em escala global. Os teatros bélicos se multiplicam e se cruzam. Terra, mar, céu: a guerra desterritorializada se transfere para os satélites no espaço interplanetário. O apocalipse nuclear é a principal ameaça representada por todos esses conflitos que são combatidos com o paradoxal objetivo de prevenir ao infinito a catástrofe.

As antigas guerras contrapunham exércitos no campo de batalha, fora dos centros habitados, das «cidades abertas», que não deveriam ser atacadas. A nova guerra global não tem restrições, explode dentro das cidades, atinge os civis e a civilidade, destrói prédios de escritórios, cafés, supermercados, escolas, embaixadas e hospitais. As crianças mortas sob os escombros são consideradas simples efeitos colaterais.

É verdade que a distinção entre civis e militares já estava se desfazendo mesmo antes da Primeira Guerra Mundial. Mais de 62 milhões de civis morreram em conflitos durante o século XX. Entretanto, a peculiaridade da guerra global, que nasce ao fim desse processo, reside na crescente privatização da própria guerra. Enquanto os Estados perdem cada vez mais o monopólio do uso legítimo da força, os civis se tornam não apenas vítimas indefesas, mas também protagonistas. Basta pensar nos milicianos jihadistas, nos Peshmerga curdos, nos independentistas pró-Rússia.

Numa nota de *Guerra e paz*, Tolstói zomba da pretensão de quem tenta descobrir as causas da guerra. Isso vale ainda mais para a guerra sem fronteira e infinita, que não tem origens e objetivos definidos. Não é possível afirmar que a globalização seja o estopim, e também não faz sentido apontar uma cadeia de causas. Ao contrário, é como se essa guerra intermitente adquirisse formas concretas aqui e ali, pelos motivos mais distintos, que muitas vezes se somam: do controle do petróleo ao da água, da fome à violência étnica. A globalização é o contexto em que o potencial latente de cada conflito vem à luz.

A guerra global, que superou a política e deixou para trás o duelo entre Estados, já não depende de suas decisões soberanas. Ela se impõe a tal ponto que assume contornos de um fenômeno natural. A exceção se torna a norma, o extremo se estabiliza no cotidiano.

Num mundo em que interno e externo se dissolvem nesse cenário geopolítico marcado pela hostilidade, agitado por gritos de ira, a guerra global revela seu aspecto mais feroz: o da guerra civil. Também nesse caso, não será o ressurgimento de um conflito civil tradicional. Não se trata de uma guerra fratricida contida nas fronteiras de um Estado. Dentro do quadro global, a guerra civil adquire formas peculiares.

Não é por acaso que, de maneiras completamente independentes, Carl Schmitt e Hannah Arendt tenham introduziram, em 1963, o conceito de «guerra civil mundial». Schmitt faz menção a ela no livro *O conceito do político: Teoria do partisan*, em que trata de uma nova ordem mundial, um «*nomos* da terra» onde não existe mais o reconhecimento recíproco entre Estados soberanos e a guerra criminaliza o inimigo até chegar à sua extinção.[8] Arendt, por sua vez, no livro *Sobre a revolução*, examina brevemente a «discórdia civil que atormentou a *polis* grega», mas depois a deixa de lado.[9]

Talvez também por isso falte, ainda hoje, uma doutrina da guerra civil, um fenômeno tão antigo quanto a democracia. Isso é ainda mais surpreendente quando se analisa a profusão de conflitos que já não são *inter-nacionais* e que, por isso, são definidos *internal wars* ou *uncivil wars* — guerras internas ou incivis. Estas não parecem, de fato, interessadas na transformação do sistema político, mas sim no aumento da desordem. Enquanto aumentava a necessidade de gerenciamento dos conflitos, a questão da guerra civil foi deixada de lado.

Recentemente Giorgio Agamben dedicou um livro ao tema, *Stasis: A guerra civil como paradigma político*, cujo título faz referência à antiga terminologia grega. A guerra civil era um assunto recorrente entre os filósofos. Mais de uma vez, Platão trata do singular conflito que dividiu os cidadãos atenienses, uma guerra familiar na qual irmão mata irmão. Na Grécia clássica, *stasis* significa a discórdia sangrenta, sempre à espreita nas relações familiares, que acaba atingindo, com êxitos fatais, também as cidades. A «guerra

---

[8] C. Schmitt, *Teoria del partigiano: Integrazione al concetto del politico*. Milão: Adelphi, 2012. p. 40.

[9] H. Arendt, *Sulla rivoluzione*. Turim: Einaudi, 2009. p. 15.

em casa», por si só imprudente, se torna o evento político.

Exatamente por essa razão Agamben rejeita a ideia de guerra civil como um simples segredo de família. Quando começa a discórdia, irmão mata irmão como se fosse o inimigo. A guerra civil não permite mais a distinção entre o interior e o exterior, entre a casa e a cidade, o íntimo e o estranho, o parente de sangue e o cidadão. Quando a ligação política entra em casa, o vínculo familiar se torna mais confuso do que o próprio vínculo que divide as facções políticas em luta. Por isso, a *stasis* não é uma guerra em família, mas sim um dispositivo que funciona de modo parecido ao «estado de exceção».[10] É desse modo que Agamben defende a irregularidade.

A guerra civil global é a extensão da *stasis* a todo o globo terrestre por meio da violência incessante que o acomete. É a inauguração de uma época de hostilidades contínuas, a tal ponto que se poderia pensar num regresso ao estado de natureza descrito por Hobbes no *Leviatã*. Contudo, aquela era uma violência pré-política natural, que poderia ser resolvida mediante a razão, enquanto a atual violência global é sucessiva ao pacto político, vai além, é pós-moderna. A modernidade mostra o abismo sobre o qual a ordem artificial da Terra foi construída. Em *Do cidadão* (2, 7, II), Hobbes toca nesse ponto. Uma vez unido, na figura do soberano ou da assembleia democrática, o povo volta a ser uma multidão — não a multidão desunida que precede o pacto político, mas uma «mul-

---

10 G. Agamben, *Stasis: La guerra civile come paradigma politico*. Turim: Bollati Boringhieri, 2015. p. 30.

tidão diluída». A ameaça da guerra civil se encontra justamente nessa multidão diluída que vive na cidade.

A bandeira negra do terror é a forma mais feroz e obscura da guerra civil na globalização. É seu saldo inexorável, está inscrita em seu âmago e compartilha sua lógica. Encontra-se nas ondas de hostilidade e ira desse mar revolto. Enquanto a política adquire cada vez mais aspectos familiares — e o mundo hoje parece ser uma mera gestão da economia global —, o terror se acirra, fica mais agudo e explode em seu potencial de morte.

4. A bomba da modernidade

Quando se fala em modernidade, pensa-se num trem que, depois de cada estação, retoma seu caminho acelerando. Ele carrega os passageiros que o esperam felizes à beira dos trilhos. Alguns sobem na primeira classe, outros na segunda, alguns até na terceira. Para todos, porém, o trem leva a luz da razão. Tolhe seus antigos preconceitos, elimina usos e costumes herdados do passado, suprime o peso da tradição, liberta-os do julgo da religião. No trem, os passageiros se tornam finalmente sujeitos autônomos, egressos do secular estado de menoridade, capazes de questionar tudo o que lhes diz respeito, a começar pelas próprias vidas. Não existem mais imposições, vínculos e coerções. Os passageiros se retiram do passado sem melancolia. Cheios de esperança, confiam no barulho do trem que se projeta em direção ao progresso. Nada poderá bloquear sua corrida ou fazê-lo descarrilar. Hábeis maquinistas estão sempre melhorando as engrenagens. De quando em quando substituem as rodas por dispositivos cada vez mais aperfeiçoados e sofisticados. Nenhum tipo de controle parece ser necessário. O trem da modernidade segue confiante em direção à vitória final, alimentando a fé na ciência, a certeza das melhorias trazidas pelas novas técnicas. Seu avanço é a confirmação do progresso. Nesse trem, todos são «progressistas». Como poderia ser diferente? Livres do medo que a religião despertava num passado não muito distante, já não são escravos de temores arcaicos. Graças a esse dispositivo prodigioso, enquanto aproveitam a adrenalina da alta velocidade, podem até mesmo dormir tranquilizados pela ideologia do conforto e pela certeza do final feliz.

Pode ser que acordem momentos antes que o trem, em sua crescente aceleração, como uma bala sem controle, exploda de repente, lançando um último olhar em direção ao longo trajeto percorrido antes de seu fim. A imaginação ferroviária dos progressistas ficou longe de prever o trágico e inglório fim do potente comboio.

Para os adeptos da modernidade, que é uma visão de mundo e concepção da história segundo a qual cada época revisita e supera a precedente, nada poderá comprometer o projeto de emancipação que surgiu com o Iluminismo. Segundo essa perspectiva, guerras, massacres e extermínios são simples acidentes de percurso, resíduos irracionais da barbárie pré-moderna, fenômenos patológicos, momentos de loucura que ainda não foram suprimidos. Por muito tempo, essa visão criou uma imagem esterilizada e tranquilizadora do progresso humano. Entretanto, tal imagem começou a se desfazer no século passado, seja durante as duas guerras mundiais, seja depois de Auschwitz.

Os filósofos se dividiram entre os que mantinham intacta a confiança nos lumes da razão e consideravam o extermínio o êxito de uma «loucura» ou o resultado de uma «barbárie», e os que fazia tempo já haviam visto na barbárie a face escondida e o aspecto dialético da civilização. A começar por Walter Benjamin, passando por Hannah Arendt, Günther Anders, Theodor W. Adorno, Max Horkheimer e Herbert Marcuse, todos consideraram Auschwitz um «extermínio administrativo», produzido pela moderna civilização ocidental em seu estado mais avançado.[11] O processo de industrialização da morte, que nas oficinas hitlerianas funcionava como uma cadeia de montagem, adquiriu a precisão quase ritual da técnica nas câmeras de gás. Estes foram os primeiros filósofos que puseram a modernidade no banco dos réus. Segundo eles, Auschwitz não era uma aberração no percurso do progresso. Ao contrário, foi fruto da razão instrumental. Por isso, poderia ser visto até mesmo como o caleidoscópio através do qual se observa a modernidade. Reconhecendo aspectos da autodestruição da razão que pareciam cada vez mais evidentes, sobretudo depois de Hiroshima, advertiram sobre a vista grossa dos que acreditavam erroneamente na marcha da modernidade.

---

11 Cf. T. W. Adorno, *Minima moralia: Meditazioni della vita offesa*. Turim: Einaudi, 1994. p. 56; H. Arendt, «Colpa organizzata e responsabilita universale». In: _____. *Archivio Arendt*, I. *1930-1948*. Milão: Feltrinelli, 2001. pp. 157-67, p. 162.

Desde então a modernidade foi posta em discussão. A disputa inflamada entre «moderno e pós-moderno», iniciada nos anos 1980 por Jean-François Lyotard, foi apenas mais um capítulo do debate.[12] Jürgen Habermas, distanciando-se da Escola de Frankfurt, da qual era herdeiro, defendeu a modernidade. Considerando-a um projeto ainda incompleto, criticou com violência os pós-modernos, aqueles «jovens conservadores» — como Jacques Derrida e Michel Foucault — que falavam abertamente sobre o fim do projeto moderno e, com Nietzsche e Heidegger, denunciavam seu caráter autodestrutivo.[13]

Essa divisão na filosofia nunca foi completamente recomposta. Em certos aspectos foi até mesmo estendida e aprofundada e ressurgiu com nitidez quando os filósofos precisaram enfrentar os desafios do Onze de Setembro.

5. O fantasma de Bin Laden

Durante muito tempo, o Ground Zero ficou imerso numa montanha de detritos em chamas. Os restos do World Trade Center queimaram por mais de cem dias. Um fedor azedo e uma poeira

---

12 Cf. J.-F. Lyotard, *La condizione postmoderna. Rapporto sul sapere*. Milão: Feltrinelli, 2014.

13 J. Habermas, «Die Moderne: ein unvollendetes Projekt». *Die Zeit*, 19 set. 1980.

branca — mistura de concreto, amianto, chumbo, fibra de vidro, algodão, querosene e restos de 2749 seres humanos — impregnaram os céus de Manhattan. Vários corpos nunca foram encontrados. Cada uma dessas pessoas tinha uma história de vida, um jeito próprio de interpretar a multiplicidade de um mundo cada vez mais unido — a empregada japonesa, o chef equatoriano, o contador palestino, o capelão católico, o corretor da bolsa de valores, o ativista dos direitos dos homossexuais. Juntos constituíam um pequeno parlamento, eram expoentes de 62 países, pertenciam a quase todos os grupos étnicos e religiões do mundo. Aquela variedade de vidas era a prova de um ditado corânico, e de seu precedente bíblico, segundo o qual destruir uma vida significa destruir um universo.

A Al-Qaeda queria derrubar as Torres Gêmeas — a imagem dobrada da Torre de Babel. O grupo mirou um lugar simbólico para os Estados Unidos, o centro do capital mundial, e no fim atingiu toda a humanidade. «Veja os Estados Unidos, aterrorizados de sul a norte. Que Deus seja louvado.» Dessa maneira exultou Bin Laden num vídeo gravado, transmitido pela Al-Jazeera no dia 7 de outubro, na véspera dos primeiros ataques americanos e britânicos em território afegão. Mais tarde lançou um apelo para que o evento — que dividiu o mundo entre fiéis e infiéis — não fosse ignorado. Junto de Ayman al-Zawahiri, ele esperou nas grutas de Tora Bora pela insurreição dos *mujahidin*[14] nos quatro cantos do

....

14 *Mujahidin* (também transliterado como *mujāhidīn, mujahedin, mujaidim* etc.) é a forma plural de *mujahid*, que se traduz literalmente do árabe مجاهدين (*muğāhidīn*) por «combatente» ou «alguém que se empenha na luta (*jihad*)», embora o termo seja frequentemente traduzido por «guerreiro santo». (N. do T.)

mundo. A espera foi em vão. Bin Laden se sentiu traído pelos muçulmanos que não correram para sua organização. Até os talibãs o haviam abandonado. A Al-Qaeda sofreu uma esmagadora derrota militar. Contudo, também perderam os americanos e seus aliados, incapazes de capturar sua presa. Bin Laden e os últimos combatentes da Al-Qaeda se refugiaram no Paquistão. Foi nessa ocasião que ele escreveu o testamento no qual, pedindo perdão aos filhos pelo pouco tempo que lhes fora concedido e esclarecendo a escolha pela *jihad*, afirmou que, apesar dos primeiros contratempos, uma nova era havia começado, que no espaço de poucas décadas levaria à destruição do Ocidente.

O «sheik do terror» foi capturado e morto no dia 2 de maio de 2011 em Abbottabad, no Paquistão, durante uma operação longamente preparada pela inteligência norte-americana, conduzida pelos Seals e autorizada pelo então presidente Barack Obama.

Quase vinte anos depois dos atentados ao World Trade Center, o evento — quase um *déjà-vu* tamanha a quantidade de filmes sobre catástrofes do tipo lançados por Hollywood — e o fantasma de Bin Laden continuam atormentando o Ocidente, nem tanto pela forma de terrorismo a que deu origem, mas pela vitória que lhe deve ser reconhecida. Uma vitória sobretudo midiática: transmitida em tempo real, a imagem dos aviões suicidas que atingem as Torres Gêmeas, fazendo-as explodir, passaram milhares de vezes nas televisões do mundo inteiro. Essa conquista, com seu alcance planetário, com seu peso apocalíptico, marcou, pelo trauma duradouro que causou, uma vitória histórica.

6. Filosofias do terrorismo

No dia seguinte ao Onze de Setembro começou, dentro da filosofia, um intenso debate que teve como protagonistas Jürgen Habermas e Jacques Derrida. Desde então foram delineadas novas reflexões que podem ser chamadas de «filosofia do terrorismo». Isso não significa que no passado o tema não foi objeto de debate, mas a destruição das torres, questionando a modernidade, atingiu diretamente a filosofia.

Como julgar aquele evento, como medir sua dimensão, como interpretar seu valor simbólico e seu peso político? Essas são as perguntas que orientam as entrevistas de Habermas e Derrida feitas por Giovanna Borradori e publicadas no livro originalmente intitulado *Philosophy in a Time of Terror* [Filosofia em tempos de terror]. Vale a pena sublinhar que, poucos meses depois do ataque, tais ideias foram proferidas por dois europeus que na época estavam entre os maiores expoentes da filosofia do continente. A compreensível cautela que se lê em suas palavras deriva de certa estranheza, reivindicada por ambos, de um «forasteiro» — como diria Roberto Esposito — que dessa vez é constituído pelo velho continente.[15] A América ferida é estudada pela visão da Europa e da filosofia europeia. Derrida se mostra mais radical e claro em suas posições políticas, mas é Habermas quem aponta o dedo contra um certo patriotismo dos intelectuais norte-americanos — não só aqueles que, como Rawls e Walzer, apoiam a «guerra justa». Em tom crítico, ele observa: «No

....
15 Cf. R. Esposito, *Da fuori: Una filosofia per l'Europa*. Turim: Einaudi, 2016.

momento, até mesmo os liberais de esquerda parecem concordar com a política de Bush».[16]

Habermas deixa em aberto que o Onze de Setembro tenha representado uma virada de época. Mesmo sendo o «primeiro evento histórico mundial» porque foi transmitido ao vivo diante das câmeras do mundo inteiro, o ataque terrorista deve ser inserido na era da guerra total, iniciada em 1914 e continuada com a opressão totalitária, a barbárie mecanizada e o homicídio burocrático em massa. Para Habermas, a novidade está, de um lado, na força simbólica do ato e nos alvos atingidos; do outro, no inédito perfil do «terrorismo global» que, sem um objetivo preciso — ao contrário das ações paramilitares ligadas a uma causa nacionalista, como a palestina ou a tchetchena —, não pode se declarar derrotado. Isso não significa que a Al-Qaeda não tenha motivações políticas, fato que distingue o terrorismo do crime organizado, apesar de muitas vezes a fronteira entre os dois ser bastante fluida. Preocupado com o Estado de direito e com os riscos de uma «democracia militante», que mediante um perverso curto-circuito nega a liberdade democrática aos «inimigos da democracia», Habermas identifica a injusta modernização capitalista como causa do fundamentalismo islâmico e do terrorismo global. Ambos seriam reações antimodernas a uma inclusão talvez muito acelerada — «dissonâncias cognitivas», ou seja, distúrbios contemporâneos, patologias que podem ser superadas no incompleto progresso da modernidade.

16 G. Borradori (Org.), *Filosofia del terrore: Dialoghi con Jürgen Habermas e Jacques Derrida*. Roma-Bari: Laterza, 2003. p. 34.

É justamente a interpretação da relação entre terror e modernidade que separa os dois filósofos. Enquanto Habermas apoia uma concepção neoiluminista e, portanto, olha para a globalização com senso crítico, mas mantendo intacta a confiança, às vezes com tons normativos, Derrida suspeita que o vírus do terror esteja contido dentro do racionalismo moderno. A perspectiva é revertida: a modernidade não é a cura do terror; ao contrário, o terror é sintoma da modernidade.

Quando trata da retórica norte-americana, que recorre com frequência à fórmula do *major event*, Derrida enfatiza o risco de uma avaliação meramente quantitativa, recordando que «os mortos não são contados da mesma forma em diferentes partes do mundo»,[17] e retoma o termo usado por Heidegger, *Ereignis*, evento. O Onze de Setembro é um «evento» que, com sua imprevisibilidade, interrompeu e dilacerou a história. É impossível se apropriar dele, entendê-lo em toda a sua magnitude; por outro lado, porém, tal interrupção precisa ser compreendida. Numa nota marginal, que não perdeu sua relevância, Derrida declara que, no futuro, deverão ser chamados de «filósofos» todos os que souberem não apenas refletir de maneira responsável sobre as questões políticas da guerra e do terrorismo, mas também manter firme e aprofundar a distinção entre compreender e justificar. A condenação moral, aliás moralista, tem pouco a ver com a filosofia.

Um êxito atrasado da Guerra Fria, quando os Estados Unidos apoiavam e armavam os inimigos da União Soviética, a queda das

---

17 Ibid., p. 99.

Torres Gêmeas representa dois suicídios em um: o dos sequestradores e o de quem os treinou. Trata-se, em ambos os casos, de uma autodestruição, como acontece quando um organismo vivo elimina as proteções que deveriam imunizá-lo. O terrorismo parece o sintoma de uma patologia autoimune cuja portadora é a modernidade.[18] Ainda não se descobriu sua cura, mas se sabe que as consequências podem ser devastadoras, não apenas para a democracia. O terror é o espião de uma resistência à mundialização, tão grave a ponto de pôr em xeque, pela primeira vez, a própria existência do mundo.

Distante de Habermas, a avaliação de Derrida converge, porém, sob muitos aspectos, com a de outros teóricos franceses pós-modernos, em particular com a visão sobre terrorismo delineada por Jean Baudrillard há tempos.

Os terroristas do Bataclan substituíram os músicos, tomaram para si a cena e executaram seu drama macabro. Seria possível comentar com a paradoxal frase que Baudrillard escreveu anos antes: «O espetáculo do terrorismo impõe o terrorismo do espetáculo».[19] Trata-se de palavras que infelizmente foram muitas vezes incompreendidas, como se o autor quisesse reduzir o terrorismo ao espetáculo, enquanto seu objetivo real era denunciar a obscenidade, a saída de cena que põe fim a cada jogo e a cada ilusão com a qual o terror exerce um enorme fascínio moral.

---

18 Cf. Ibid., pp. 107 ss.

19 J. Baudrillard, *Lo spirito del terrorismo*. Milão: Cortina, 2002. p. 39.

Depois dos ataques às Torres Gêmeas, Baudrillard foi o primeiro a intervir, oferecendo um diagnóstico articulado no longo artigo «L'esprit du terrorisme», publicado no jornal *Le Monde* em 2 de novembro de 2001. Sem hesitação, Baudrillard avaliou o tamanho do evento e o enquadrou no teatro da globalização, o que não surpreende. Explorador das «tragédias fatais», observador dos «fenômenos extremos» — anomalias, exceções, incoerências, catástrofes, êxitos opacos e paroxísticos — que comprometem constantemente o equilíbrio físico e metafísico do sistema, o autor estava entre os poucos que já haviam tocado na questão do terrorismo.

Violência simbólica produzida pela hipermodernidade, evento explosivo que se enquadra plenamente no vácuo da história, face convulsionada da guerra global de baixa intensidade, para Baudrillard o terrorismo é um «espelho» do Mal.[20] Erra quem não o olha na cara. A inteligência do Mal é um imperativo político. Quanto mais o mundo moderno se obstina em assegurar tudo o que encarnaria a positividade hiperbólica do Bem, da democracia ao livre mercado, dos direitos humanos à liberdade individual, exorcizando os elementos negativos, mais o Mal floresce em sua virulência aterrorizante.

Para Baudrillard, um crítico severo da modernidade, o universo não é dialético, mas sim direcionado aos extremos, entregue ao antagonismo radical. Portanto, não faz sentido buscar sínteses e reconciliações. Sobre a crosta do planeta que se unifica cada vez

---

20 Id., *La trasparenza del male: Saggio sui fenomeni estremi*. Milão: SugarCo, 1996. p. 91.

mais, Baudrillard examina com atenção as fraturas que se abrem, os cismas que virão, as falhas oceânicas. A Guerra Fria dá lugar à «guerra pura» — como a definiu Paul Virilio —, ou seja, àquela guerra hiper-real que, por definição, nunca se materializará.[21] Graças aos meios de destruição em massa, já não há espaço para *a* guerra, que pode acontecer só em sua fase dissuasiva. As guerras que surgirão serão apenas circunscritas — não terão nunca dimensão orbital.

Para além desse ponto, na história do mundo, cada evento parece ser um evento «sem qualidade» — para retomar a expressão utilizada por Robert Musil —, um evento pelo evento, sem consequências. Além disso, nada mais deveria efetivamente acontecer. O apocalipse nuclear serve de impedimento. O suspense se torna o selo da existência. Apesar do controle e da prevenção, a virtualidade da catástrofe surge em todos os lugares. O mesmo dispositivo de segurança poderia, de fato, provocá-la. É a época das catástrofes simuladas: o inferno de cristal que aniquilaria Nova York, a fratura horizontal que levaria Los Angeles à deriva. O virtual anuncia o real. O cancelamento do negativo e a ocultação da crise lançam a armadilha da catástrofe. As emoções da superfície são os sinais de um desequilíbrio, de um movimento espasmódico — territórios que se chocam, placas que deslizam uma sob as outras, geleiras erráticas —, enquanto o universo globalizado parece afundar no vazio.

Em tal contexto de capitais flutuantes, informações ininterruptas, supremacia da técnica, circulação integral, o terror surge

---

21 P. Virilio, *Lo spazio critico*. Bari: Dedalo, 1988. pp. 123-46.

como uma anomalia inexplicável, como se fosse um fenômeno vindo do nada.

7. Brigadas Vermelhas, RAF e a troca impossível

Desde os anos 1970, porém, Baudrillard consegue trazer à luz o dispositivo secreto do terrorismo. Na década vermelha não faltaram casos sobre os quais refletir, mas foi o episódio do sequestro do ex-primeiro-ministro italiano Aldo Moro, em 16 de março de 1978, que o levou a considerar a figura e o papel decisivo do refém.

Num mundo onde tudo é trocado por tudo, o refém interrompe a corrente e torna a troca impossível. É claro que a tática não é original: desde sempre reféns foram capturados para serem oferecidos numa negociação. Mas o que aconteceu no caso Moro foi inédito, pois a negociação era impossível. Aliás, foi radicalmente rejeitada. Passa-se, portanto, para a ordem simbólica. Cálculo e trocas são ignorados. O sistema, posto de cabeça para baixo, cercado, esquivado, entra num impasse paralisante; não sabe e não pode responder. O desafio, imprevisível e mortal, não permite réplica, a não ser que o sistema esteja pronto para se fazer implodir.

«Essa foi a vitória das Brigadas Vermelhas»,[22] escreveu Baudrillard. Uma vez raptado, Moro já era carta fora do baralho. Representava o Estado vazio, era o equivalente nulo de um poder,

---
22 J. Baudrillard, *Le strategie fatali*. Milão: Feltrinelli, 2007. p. 49.

invalidado em sua soberania porque foi sequestrado. Como, por quem ou com quem Moro poderia ter sido trocado? O desafio simbólico das Brigadas Vermelhas, que joga por terra todo tipo de regra, «ataca o coração do Estado» num cenário giratório em que poder e contrapoder se alternam em papéis obsoletos e perdidos, descobrindo-se ambos impotentes, incapazes de trocar o que quer que seja. O refém, imutável, se torna um peso. Se fosse libertado, o Estado poderia até mesmo temer sua contaminação. De modo obsceno, o cadáver foi abandonado no porta-malas de um carro. Derrota das Brigadas Vermelhas. Ilusão de um terrorismo que nunca poderá realmente reconverter um refém.

Essa é a dificuldade de libertar os reféns — por exemplo, os que estão nas mãos das FARC (Forças Armadas Revolucionárias da Colômbia), como Íngrid Betancourt, que ficou sequestrada por mais de seis anos, entre 2002 e 2008. O refém é uma espécie de talismã, um fetiche quase «sagrado», sem preço, impossível de se possuir e de ser trocado, portanto tão perigoso e irredutível quanto o terrorista. O refém é o *alter ego* do terrorista, o terrorista é o *alter ego* do refém.[23] Uma singular cumplicidade os une. A existência de ambos, ligada por um cordão inseparável, se direciona ao mesmo epílogo sacrificial. De quando em quando o poder escolhe quem suprimir.

Terroristas e reféns são as exceções na regra das trocas, encontram-se na zona da troca impossível. Revelam a fraude da reciprocidade — a ilusão de um sujeito, mesmo que alienado, que do alto de

....

23 Cf. Id., *Le ludique et le policier & autres écrits parus dans «Utopie»* (*1967-1978*). Paris: Sens & Tonka, 2001. p. 338.

sua autonomia e soberania poderia ainda negociar —, apontam o dedo contra a quimera, há tempos desaparecida, do contrato social, desmascaram a nostalgia liberal. Portanto, retomam a especulação em toda a sua insensatez, revelando o estado de emergência radical.

As Brigadas Vermelhas inauguram a época do terror pós-moderno. Pela primeira vez a ordem política real é desafiada por um ato simbólico. E, como a troca é impossível, também o desafio se torna impossível. O poder, despido por sua impotência, se reagisse aumentaria o espiral de força, seria o terrorismo à segunda potência, mais terrorista do que o próprio terrorista. Por esse motivo, cada ultimato nunca é realmente o último e deve ser desconsiderado. Toda a força mobilizada pelo Estado — polícia, exército, instituição — não pode fazer nada contra aquele ato simbólico. Mesmo que a relação de forças seja completamente assimétrica, o aparelho estatal corre o risco de colapsar. O desafio simbólico, mortífero por si, o leva ao ponto em que a resposta significa a autodestruição. É um xeque-mate contra o Estado.

Contudo, foi um xeque-mate também contra as Brigadas Vermelhas. A tentativa desesperada de radicalizar o confronto não deu em nada. O erro das Brigadas foi crer que conseguiria efetivamente pôr um fim ao sistema. Mas a revolução deu lugar à subversão simbólica, ao ato utópico, ao sonho de uma troca impossível, à denúncia da impossibilidade da troca. Por mais que seja deflagrante como o impacto de uma explosão, o ato simbólico é um evento sem consequências. Inscreve-se, portanto, numa estratégia fatal, irresistível e mortal. O ato simbólico é um fim em si mesmo e se orienta pela morte que implica.

O terrorista está pronto para morrer. Este é seu desafio extremo: um dom que supera a economia da troca e ao qual o poder não consegue responder, a não ser com uma morte igual ou superior. Resumindo: diante do desafio do terrorismo, o poder é convocado para o suicídio. A resposta do Estado, que se arma com o mesmo terror, seria a própria morte e a própria queda.

Baudrillard analisa a República Federal da Alemanha e ações da Rote Armee Fraktion (RAF). O ano é 1977. A estratégia fatal já produziu uma série de negociações impossíveis: tomar reféns para trocar pelos fundadores da RAF detidos na prisão de segurança máxima de Stammheim. No dia 5 de setembro, Hanns Martin Schleyer, ex-oficial da SS e presidente da Federação das Indústrias, é sequestrado. Seu cadáver será encontrado depois de 43 dias, quando o refém já não tinha valor. No dia 13 de outubro, um avião da Lufthansa foi desviado para o aeroporto de Mogadíscio; em troca de uma centena de pessoas, o esquadrão palestino pede a soltura de militantes da Baader-Meinhof, mas as negociações não dão em nada. Os eventos se condensam numa única data: 18 de outubro. Durante a noite, as forças especiais alemãs intervêm em Mogadíscio: libertam os reféns e matam três dos quatro terroristas. Segundo a versão oficial, quase ao mesmo tempo, em Stammheim, Andreas Baader, Gudrun Ensslin, Jan-Carl Raspe e Irmgard Möller ficam sabendo do êxito da operação. De manhã, Baader e Ensslin são encontrados mortos em suas celas. Raspe, que ainda agonizava, falecerá pouco depois. Hospitalizada com quatro feridas de facadas no peito, Möller sobrevive no hospital. É a «noite do suicídio» com a qual termina o outono alemão. Suicídio?

ADVOGADO: Um outono alemão. A utopia da revolta de 1968 foi enterrada com o funeral de Andreas, Gudrun e Jan. A utopia de uma geração que sonhou uma nova sociedade.

WIEGAND: A sombra sinistra de Stálin vestiu uma parca e escondeu seu rosto atrás de um *kefiah* palestino. Viver a própria paixão de justiça até o fim, até o limite extremo. O.k. Porém a utopia de 1968 foi comprometida no dia em que a raiva se transformou em terrorismo. Eu prefiro dizer, como Rosa Luxemburgo, que «a liberdade é, quase sempre e exclusivamente, a liberdade de quem pensa diferente de nós».

ADVOGADO 2: Irmgard Möller sobreviveu. Jan-Carl Raspe também, mas faleceu no hospital. Baader, até onde sei, conseguiu esconder uma pistola Feg 7.65 milímetros em seu toca-discos. Para simular uma luta, atirou primeiro no colchão, depois na parede ao lado da janela. Recolheu as cápsulas e as deixou ao seu lado. Depois recarregou a arma, sentou-se no chão, apontou o cano contra a nuca e apertou o gatilho. [...].

ADVOGADO 1: Andreas Baader, Gudrun Ensslin, Jan-Carl Raspe foram assassinados pelos servos do Estado capitalista, pelos policiais e juízes bastardos, e suas mortes foram tomadas como suicídio.

ADVOGADO 2: O suicídio coletivo tem o sentido de uma resistência até a morte. O corpo é a última arma contra o Estado capitalista. Como durante as greves de fome, um revolucionário nunca desiste. Isso o torna invencível.[24]

---

24 M. Deutsch, *La décennie rouge: Une histoire allemande*. Paris: Bourgois, 2007. pp. 127-9.

Em vão, o ato repressivo segue o ato terrorista. Faz sentido, para Baudrillard, se perguntar como aconteceram os «fatos». Se Baader foi «liquidado» é uma questão que ele deixa aos «abutres da verdade»,[25] pois isso significaria reduzir à ordem política da força o desafio simbólico deflagrado em toda a sua força implosiva: a morte do terrorista. A violência do poder real arrisca-se a ser sugada. O «suicídio» de Baader, encenado pelo Estado alemão, que por sua vez simula a fatal estratégia do terror, tem um papel decisivo: a morte não saldada, não liquidada, inicia um vertiginoso ciclo sem volta.

8. A arma absoluta da própria morte

O que o terrorismo do fim do século XX e o do início do novo milênio poderiam ter em comum? Ground Zero, o nome que de início significava o epicentro terrestre-marinho de uma futura explosão atômica, depois do Onze de Setembro passou a designar o local onde afundaram as duas torres da superpotência mundial, o vértice simbólico de uma queda histórica, o marco zero tocado pela luz negra do terror.

Baudrillard avalia o «evento» sem reduzi-lo a uma patologia da razão, mas também sem transformá-lo num *unicum* na história da destruição humana. Depois da longa «greve de eventos», segundo a eficaz expressão do filósofo argentino Macedonio Fer-

---

25 J. Baudrillard, *Le ludique et le policier*, op. cit., p. 440.

nández, depois da espera pontuada pelo desejo de que não acontecesse mais nada — e do oposto, que se interrompesse o sempre-igual de uma estrutura definitiva —, chega o evento anunciado, imaginado, até mesmo sonhado, numa cumplicidade inconfessável com a estratégia terrorista, que contribui para explicar a grande ressonância midiática.

Continuidade e diferenças não podem ser deixadas de lado. O terrorismo atual é «contemporâneo da mundialização».[26] É necessário, portanto, se perguntar de que modo esse fenômeno extremo foi modificado pela unificação planetária do mundo. Contudo, a matriz teórica é a mesma que Baudrillard utilizou para interpretar o terrorismo das Brigadas Vermelhas e da RAF. Em ambos os casos, a ordem política é posta em xeque pelo desafio simbólico ao qual é impossível responder. O novo terrorismo global se move, portanto, no vácuo do terrorismo do século XX. A diferença não é radical; trata-se, aliás, de uma maior radicalização do desafio já lançado, embora em outro contexto, com significados e objetivos diferentes. Mas a novidade é limitada, a estratégia fatal é a mesma, assim como o impetuoso ciclo provocado. O sistema de trocas tem um súbito fim com o gesto do terrorista que oferece a própria morte, um presente impossível de ser trocado. Seria a mesma coisa que pedir ao sistema para se suicidar, sistema este no qual o suicídio, a própria autodestruição, é seu único tabu, a única restrição proibida.

Num regresso hiperbólico, que pertence ao dispositivo do terror, o suicídio não é mais «pura perda». O terrorista transforma a

---

26 Id., *Power Inferno*. Milão: Cortina, 2003. p. 55 [trad. modificada].

própria morte na arma absoluta de uma ofensiva que, esta sim, é sem precedentes, seja por sua forma, seja pela eficácia. Matar-se para matar. Essa é a radicalização.

Quase perfeito e, portanto, vulnerável por todos os lados, visto que uma pequena centelha poderia iniciar uma deflagração cósmica, o sistema reage a essa arma enrijecendo-se, contraindo-se aterrorizado e se contorcendo em sua própria violência, experimentando sua incapacidade de reagir, deixando-se seduzir por sua inútil hipereficácia. Baudrillard recorre à metáfora do tétano: fala de um poder sob a forma de espasmos compulsivos, contaminado pela profunda ferida que se produziu, à mercê de contrações tetânicas, infectado pela toxina contra a qual lança todos os seus anticorpos. O terrorismo é como um vírus que provoca paralisia espástica do poder. Não é apenas um ato simbólico, ou um simples desafio impossível de ser abarcado. É uma reação imunitária ou autoimune. Esse modo de conceber o fenômeno extremo do terror utilizado por Baudrillard converge em grande parte com a concepção de Derrida.

O desafio simbólico, que no passado recente já não podia ser encampado, adquire um potencial novo e desconhecido pela mundialização; o terror não pode ser entendido como um incidente, uma peripécia cometida no caminho de um progresso irreversível. O Mal, que se pensava derrotado definitivamente com a brilhante ordem global, emerge irresistível, mostra sua face mais arrepiante, com aparência fosca da parte maldita, prometendo, dessa vez, uma presença perpétua e difundida. É o terror que proclama seu «não» à mundialização violenta, pondo em risco, pela primeira vez, a própria existência do mundo.

9. O atmoterrorismo: Auschwitz, Dresden, Hiroshima etc.

Existe uma ligação entre técnica e terror? De que modo o enorme sucesso da técnica pode ter influenciado o conceito de terror, inaugurando uma nova prática de extermínio?

Para responder a essa questão, seria necessário percorrer a evolução das armas, das máquinas bélicas, das bombas e dos gases tóxicos. É o que faz Peter Sloterdijk quando reflete sobre a manipulação do ar, que pôs fim ao ingênuo privilégio, tido como adquirido pelos seres humanos antes do fim do século XX, que é respirar sem se preocupar com a atmosfera aérea que nos circunda.

Sloterdijk não tem dúvidas: o terrorismo é «filho da modernidade»,[27] mas essa ligação umbilical emerge explicitamente apenas no século passado. Por isso o terror puramente moderno é um fenômeno pós-hegeliano, que não pode ser visto como uma continuação imediata do terror jacobino de 1793 ou do bolchevique de 1917. Também não pode ser confundido com a «ordem do terror» — para usar a conhecida definição de Wolfgang Sofsky — construída pela ditadura de Hitler.[28]

O que distingue o terror da técnica de todos os seus precedentes é o ataque ao ambiente. Pela primeira vez não se mira diretamente o inimigo, mas sim a atmosfera, o ar que respiramos.

---

27 P. Sloterdijk, *Sfere III: Schiume. Sferologia plurale.* Milão: Cortina, 2015. p. 100.

28 W. Sofsky, *L'ordine del terrore: Il campo di concentramento.* Roma-Bari: Laterza, 2004.

Desse modo, seria possível falar em atmoterrorismo. Quando essa nova modalidade de extermínio começou? É possível indicar uma data? Sloterdijk situa a «cena originária» durante a Primeira Guerra Mundial, apontando o ano, o mês, o dia e a hora: foi em Ypres, no fronte ocidental, durante a batalha de 22 de abril de 1915, com a chegada da noite, entre 18h e 19h. Um vento favorável, que se movia das linhas alemãs em direção às trincheiras francesas, empurrou as nuvens de clorato de potássio que saíram de mais de 5700 garrafas. Desse momento em diante a prática do terror, existente durante toda a história da civilização, representou da melhor maneira possível a originalidade do século XX.

Sloterdijk reconstruiu com riqueza de detalhes o primeiro uso de armas químicas em grande escala. A ideia do duelo, que durante muito tempo ofereceu a imagem de um embate viril e honesto, foi abandonada, enquanto a interação entre os inimigos se desenvolveu sobre uma base pós-militar. A razão foi a dificuldade que ambos os lados sentiam de atingir o oponente, que ficava escondido durante meses nas trincheiras. As armas de longo alcance não eram suficientes. A guerra química moderna, prelúdio dos bombardeios aéreos, foi a solução técnica encontrada. O uso de gás e venenos, cada vez mais difundidos, apesar de proibidos pelo artigo 23 do Tratado sobre as Guerras Terrestres, estipulado em Haia no ano de 1907, incentivou o desenvolvimento da ciência das nuvens tóxicas e a teoria dos espaços irrespiráveis.

Considerado sob esse ponto de vista, o terror moderno se revela uma forma adicional e aprimorada da guerra. Da violência bélica protegida se passa à liberdade de exterminar, à exterminação absoluta, desapegada de qualquer tipo de vínculo físico ou metafísico. A passagem definitiva acontece quando o combate se distancia definitivamente da disputa entre adversários, do embate entre tropas tradicionais. O terror toma forma além de qualquer tipo de regra. Mas o terror moderno, no qual se condensa o saber do extermínio, mesmo mantendo o antigo aspecto do ataque, apresenta uma novidade sem precedentes: o corpo do inimigo não é necessariamente liquidado com golpes diretos. A agressão é feita ao ambiente onde se vive, tornando impossível a existência. O ataque às funções vitais, da respiração ao sistema nervoso, faz com que, aparentemente, o inimigo caia por seu próprio impulso — por exemplo, o impulso natural de respirar. A responsabilidade se dissolve, tornando-se anônima. Além disso, a assimetria das forças em jogo se torna irrelevante. Basta apenas um terrorista para fazer um ataque com efeitos devastadores. Esse fato, porém, não deve levar a crer que o terror seja a arma dos fracos. Em termos históricos, durante o século xx, foram os Estados que fizeram amplo uso de métodos terroristas.

Quando a técnica, com todo o seu potencial destrutivo, agita e modifica o cenário bélico, a violência se multiplica e se torna violência contra as pessoas, contra as coisas, uma violência indiscriminada contra o invólucro da vida. O exercício do terror, concebido sempre como uma forma de contra-ataque, nunca como um ataque inicial e gratuito, representa a disponibilidade de alargar tremendamente a zona do conflito. Aqui o inimigo não é nem mesmo um «inimigo». Não valem nem trincheiras nem frentes. O outro se torna apenas um ente que deve ser eliminado. Não se trata de torná-lo prisioneiro, de derrotá-lo, de apropriar-se de sua liberdade. Na verdade, trata-se de liberar o ambiente — talvez até o próprio planeta — do outro e de sua liberdade. Essa mudança de época marca a passagem da hostilidade tradicional para a hostilidade que, desvinculada pela técnica, se torna extermínio puro, ou seja, projeto de aniquilação.

Na história do extermínio técnico, que chega ao Onze de Setembro e se estende pelo século XXI, Sloterdijk acrescenta episódios aparentemente distantes e nem sempre lidos em contiguidade. Da nuvem de gás branco-amarelado que atingiu as trincheiras ocupadas pelas tropas franco-canadenses ao uso industrial do Zyklon B, o famigerado ácido cianídrico, originalmente produzido para criar ambientes *mottenfrei* — «livres das traças» —, como dizia a propaganda do fabricante, e que foi utilizado nos campos de concentração como a «solução final» para criar um planeta *judenfrei* — «livre dos judeus».

Nesse arco de tempo, Sloterdijk cita outras datas memoráveis. Por exemplo, 8 de fevereiro de 1924, quando o estado de Nevada utilizou a primeira câmara de gás para a execução de um civil. Esse fato representou a introdução do atmoterrorismo no direito penal de uma democracia. Mais tarde, o modelo foi utilizado por outros estados norte-americanos, dentre eles a Califórnia. A cadeira elétrica, eufemismo usado para indicar as potentes descargas elétricas que cozinhavam o cérebro do condenado, foi substituída pela asséptica câmara de gás, onde a exalação bloqueava o transporte de oxigênio para o sangue, causando asfixia interna. A substituição foi sugerida por um certo «humanismo», lei sentimental da modernidade progressista.

O atmoterrorismo técnico tornou mais simples a administração de uma morte neutra e impessoal, permitindo enfim a passagem à verdadeira produção de cadáveres em massa nas oficinas hitlerianas dos campos de extermínio, que funcionavam sem pausa. Os números recolhidos em Auschwitz-Birkenau são confiáveis: em apenas uma noite, entre os dias 13 e 14 de abril de 1943, com o uso de seis quilos de Zyklon B foram assassinados 1492 judeus provenientes do gueto de Cracóvia. Depois, a cadeia de montagem transportou os corpos para serem incinerados no crematório II.

Sloterdijk está entre aqueles filósofos que, no vácuo de Heidegger, seguindo o fio condutor da técnica, se atrevem a inscrever, ao lado de Auschwitz, outros topônimos: Dresden, Hiroshima, Nagasaki. São as etapas de uma meteorologia negra inaugurada pelas armadas do ar, que, abolindo a distância espacial, conseguem atingir lugares antes inatingíveis e destroem a distinção entre civis e combatentes. Somente com as armas aéreas de longo alcance se realiza a globalização da guerra. O terror agora já não é apenas um ataque ao ar operado por terra, mas um ataque ao ar que pode ter como alvo um mundo inteiro de vidas declaradas inimigas e que devem, portanto, ser eliminadas. Sob o aspecto filosófico, a aeronáutica desempenha um papel decisivo. Depois de relembrar a destruição de Guernica, levada a cabo no dia 26 de abril de 1937 pela Legião Condor — uma unidade da aviação nazista —, Sloterdijk reconstrói o bombardeio de Dresden, ocorrido na noite entre os dias 13 e 14 de fevereiro de 1945.

Os aviões da Royal Air Force haviam elaborado um rigoroso plano: cercar a cidade com um anel de bombas incendiárias capazes de produzir uma espécie de tempestade de fogo que, vinda do alto, provocaria o efeito de um gigantesco alto-forno. Os primeiros dois ataques liberaram mais de 650 mil bombas. O objetivo de atingir também a população civil era claro. Sabia-se, inclusive, que a cidade abrigava milhares de refugiados que buscaram socorro na região da estação central. As estimativas mais baixas indicam um total de 35 mil mortos. Muitos morreram queimados, carbonizados, sufocados, enquanto outros, que não entraram em contato direto com as chamas, foram encontrados desidratados ou mumificados. Por causa do calor, os refúgios antiaéreos se tornaram fornos de ar quente, e mais de 10 mil pessoas foram cozidas vivas ou asfixiadas pela fumaça tóxica. Todo o centro da cidade se tornou uma câmara de combustão. Contudo, Dresden não se tornou uma exceção, uma anomalia paroxística. Ao contrário, forneceu um novo modelo de termoterrorismo. Se historicamente os Estados começaram a fazer uso do terror, Sloterdijk não hesita ao definir Churchill um «terrorista», como o próprio primeiro-ministro admitiu posteriormente.[29]

Seguindo essa linha exegética, as bombas de Hiroshima e Nagasaki, lançadas pelos norte-americanos nos dias 6 e 9 de agosto respectivamente, em geral consideradas um evento em si, são lidas como um processo de *escalation* qualitativa, mais até que quantitativa. Calculam-se cerca de 100 mil vítimas em Hiroshima e 40 mil em Nagasaki, mas esses números aumentam quando são considerados também aqueles que morreram mais tarde, em decorrência da radiação. Foi o primeiro ataque contra um mundo inteiro de vida, o ápice

---

29 P. Sloterdijk, *Sfere III: Schiume*, op. cit., p. 128.

provisório do extermínio moderno. As armas radioativas e a latência dos efeitos representaram as novidades. À tempestade de luz se seguiu a chuva negra que caiu inclemente sobre o deserto irradiado, provocando doenças desconhecidas, úlceras profundas, tumores cancerígenos, queimaduras inexplicáveis, como se o inimigo continuasse golpeando escondido numa imperceptível chuva de ondas e raios.

10. Heidegger e a proibição da existência da biosfera

O terrorismo radioativo deixou como herdeiro justamente a latência, ou seja, a agressão invisível, o ataque no microespaço com efeitos imensuráveis. Que tenha sido ou não pela vontade do Estado, o terrorismo mais recente conseguiu agredir a atmosfera de forma inédita. Sem que a opinião pública mundial tivesse consciência, a superpotência americana criou novas estratégias para uma futura guerra ionosférica, capaz até mesmo de usar militarmente o clima, modificando características naturais da atmosfera. Junto com o bioterrorismo — que é facilmente acessível em sua forma bruta, ou seja, pela difusão de vírus e bactérias — apareceram técnicas mais refinadas e secretas, como as armas infrassônicas que agem à distância sobre os organismos humanos, em especial sobre o cérebro, e têm funções neurotelepáticas.

O que importa para a existência é que o terror pós-moderno tem a peculiaridade de atingir não só o corpo, mas também o ambiente do inimigo. Segundo essa nova lógica bélica, que é diferente das guerras anteriores, vencer significa aniquilar, mesmo que isso acarrete a autoaniquilação. A existência afunda num ambiente inóspito, onde entra em colapso mais cedo ou mais tarde devido aos efeitos letais da nova situação. A procura por defesas imunitárias não serve para nada. As novas armas do terror buscam continuamente pontos de vulnerabilidade da existência humana. O terrorista se torna a sombra escura do filósofo, transformando em áreas de ataque os lugares de intimidade onde a existência sobrevivia quase de modo ingênuo.

Heidegger usou o termo «clareira» para indicar a região onde o homem, apesar do desconforto trazido pelo desenvolvimento da técnica, ainda poderia encontrar refúgio. Para ele, tratava-se da clareira em meio à vegetação fechada da floresta. Mas, para além dessa imagem idílica, frequentemente mal interpretada, Heidegger foi o único filósofo que previu a ameaça que a técnica poderia representar para a existência humana. Depois dos ataques terroristas dos últimos anos, esse espaço protegido — a casa isolada no meio do campo — desapareceu e deu lugar à progressiva proibição da existência em todos os nichos de segurança da biosfera natural, já não sendo possível descobrir um lugar preservado ou encontrar a fonte de uma milagrosa imunização.

Enquanto é incontestável o elo entre técnica e terror, é um pouco mais problemático entender o passo além dado por Sloterdijk e que o leva a conceber no terrorismo um *modus operandi*, um modo de agir, ou melhor, de proceder.[30] Seu objetivo legítimo é

---

30 Ibid., p. 97.

lançar um aviso contra a expressão comum «guerra ao terror», que não tem sentido, pois considera como inimigo um método amplamente difundido. Contudo, esconde-se na posição de Sloterdijk o risco de rebaixar o terror, de neutralizá-lo e reduzi-lo a uma engrenagem que continua funcionando e adquirindo formas diferentes e cada vez mais intensas, de maneira quase abstrata e independente dos contextos históricos e dos agentes políticos. Trata-se de uma indiferença quanto à técnica que aparece também em Heidegger. Isso explica por que Sloterdijk, sobre a técnica de extermínio nazista, argumenta que «o fator Hitler entra em jogo como um elemento de perda do controle»,[31] e esclarece também seu imprudente distanciamento com o qual parece limitar o significado do ataque às Torres Gêmeas e sua diminuição do fenômeno islâmico, incapaz, segundo ele, de se transformar «na nova frente da dissidência mundial».[32] É como se o desafio representado pela *jihad* pudesse ser arquivado como fenômeno em superação ou já superado.

11. O monopólio da negação

Global Age, era global — assim a chamam alguns, a começar pelo sociólogo britânico Martin Albrow. Para outros é o «segundo

---

31 Ibid., p. 115.

32 P. Sloterdijk, *Ira e tempo: Saggio politico-psicologico*. Roma: Meltemi, 2007. pp. 260 ss.

ecúmeno», o tempo da «pós-história», aquele em que, depois de 1945, o Velho Mundo dissipou a capacidade de ataque, desperdiçou energia em duas guerras mundiais, pôs fim à vontade de expansão iniciada em 1492 com Cristóvão Colombo. A história coincide com o *epos* híbrido da conquista, como ditaram seus heróis com sua unilateralidade vencedora, e termina quando o planeta Terra se torna mundo para todos. A globalização terrestre é um fato completado. Aliás, é um axioma irreversível.

O mundo, navegado e percorrido em sua circularidade, se tornou um sistema unido por uma rede de tráfegos, conectado por fluxos de comunicação, permeado pela liquidez do capital. A pós-história é a época em que a globalização anuncia seu inexorável prosseguimento, desmentindo qualquer alternativa. Os movimentos que denunciam sua disfunção reconhecem seu funcionamento. É impossível voltar atrás. A globalização é o destino de uma humanidade obrigada a viver num mundo sincronizado, no qual o tempo se dobra à inesgotável atualidade, e forçada a coabitar numa densidade de espaço desconhecida, onde ninguém é imune ao outro e ao encontro com o outro. Sociabilidade e obrigações morais cedem espaço à difusão da misantropia. A aldeia global já não é humanizada, como preconizaram McLuhan e outros teóricos otimistas dos meios de comunicação. Ao contrário, o que se produziu foi uma comunidade planetária espremida numa potente síntese lógica, forçada numa abstração coerciva, agregada por mensagens vinculantes sem validade universal. A essa comunidade o planeta não oferece mais a intimidade da casa, a tranquilidade da segurança, pois se reduziu a um lugar estéril de trocas permanentes, uma lotada e inóspita praça do mercado mundial.

Marcha triunfal em direção ao conforto generalizado, melhoria de vida, modernização, crescimento da ciência, desenvolvimento de novas técnicas, extensão da democracia, promotora dos direitos humanos, avanço imparável da razão e seus lumes: a globalização se afirmou como o triunfo do Bem. No sistema-mundo já não haveria lugar para a menor sombra do Mal, eliminado, exterminado nos mínimos interstícios. Um universo radiante, transparente e suave marcaria a derrota do Mal.

Essa versão moralizadora, idealizada como o bom senso de um modernismo indestrutível, que vê no futuro apenas a perfeição, crê, com poder maniqueísta, que pode discernir e destruir as forças obscuras que ainda resistem. Falas, quedas, fraturas, contraposições inesperadas, fronteiras antes inexistentes, muros impensados — fecham-se os olhos a tudo isso, em nome da gestão calculada do progresso a qualquer custo. Os efeitos devastadores dessa supremacia da positividade florescem com violência e são transmitidos por contágio. De nada serviram a profilaxia da doença e a cirurgia estética da negatividade.

Aconteceu o contrário. No mundo globalizado, onde vigora o imperativo do dia infinito, onde se impôs a difusão da luz artificial, a noite não deixou de vir naquelas partes sombrias da terra. As centelhas do mal, acumuladas no coração da infelicidade moderna, se tornaram cada vez mais incandescentes até provocar uma explosão. Porque o mal, como bem sabiam Dostoiévski e Nietzsche, não é apenas critério moral, é também princípio de desequilíbrio, fonte de vertigem que pode se transformar até mesmo em estado da alma.

A omissão do mal contribuiu, na época da pós-história, para a sua inevitável vingança. Exorcizado, considerado tabu, calado, ressurgiu ainda com mais energia em meio a uma alegada convivência harmônica, tomou formas inéditas, eruptivas e expansivas num crescente êxtase.

O Mal proclama seu «não» à integração da ordem mundial; destruição gratuita, negatividade, completo mal-estar, ele não se junta aos protestos contra a globalização, que fazem parte da própria globalização. Os movimentos *no global* podem ser considerados pequenos empecilhos facilmente superáveis. Paradoxalmente, esse é o limite das propostas positivas de resistência, cujo impacto político se reduz diante do sistema que se mostra sempre no controle do jogo.

O terror reivindica o monopólio da negação e aparentemente consegue vingar todas as forças humilhadas pelo sistema-mundo. É um antagonismo radical que emerge dentro do sistema, na dissociação interna de uma potência que se descobre impotente diante de sua convulsão descontrolada. Heterogêneo, visto que surge dentro de uma ordem simbólica irredutível, o terror, em sua virulência, é o espectro que mantém o mundo em xeque.

Isso significa que, a partir de sua origem extraterritorial, o terror rege a ordem mundial. Transforma-a em refém, submetida a uma eterna chantagem. Aterroriza-a e estimula a obsessão com a segurança, criando um estado de emergência planetário. Vitória do terrorismo? Na constelação do terror não se fala em vitória ou derrota, apenas em fortalecimento. Não há resposta para o terror que não signifique sua intensificação.

12. Metafísica do atentado

A violência hiperbólica do terrorismo, que é violência política, deve ser estudada e compreendida no contexto da globalização, em que cada falha aberta em sua superfície, cada zona refratária, cada ondulação do mar tempestuoso se torna fonte do terror. Seu espectro pode aparecer de repente, pode insurgir, agitar-se, explodir. Como enxergar com clareza, entre fumaça e miasmas, numa situação de ofuscamento e devastação? No entanto, o segredo do terrorismo se faz presente exatamente naquele cenário e é ali que deve ser decodificado. O cenário é o do atentado.

Sim, o terrorista cumpre um ato simbólico, como bem disse Baudrillard. Contudo, um ato revolucionário também é simbólico, assim como uma revolução, pois esta abre um novo mundo e pode ser interpretada como uma política simbólica. Dessa forma, a definição de Baudrillard é incompleta. Porém é inegável que o ato terrorista é o principal elemento. Seja este um pressuposto velado ou celebrado com um encômio, o terrorismo se revela uma chamada do ato pelo ato, uma injunção ao ato puro.

Para desconstruir a pretensa supremacia do ato terrorista, para trazer à luz a violência que ele implica, é indispensável — como bem sabia Lênin — enquadrá-lo numa leitura política da história.[33] Somente assim o ato, que se pretende puro, adquire formas mais precisas, menos abstratas e, sobretudo, menos imaculadas.

---

33 Cf. *infra*, 2, 8.

O terrorista usa o elemento da surpresa para tirar vantagem. Sob esse aspecto, o ato já é uma arma em si. A ação do terrorista tem o caráter do atentado. Como explica a etimologia, do latim *attentatum*, do verbo *attemptare*, significa experimento, tentativa. Depois de observar as condições de vida do adversário, o terrorista tenta usá-las para atacar de repente, para fazer uma emboscada desleal. Atenta contra a vida alheia, mesmo que o sacrifício seja a própria vida.

A questão política se refere ao sentido daquele atentado, ao seu objetivo. Ainda existe espaço para uma nova história quando já se chegou ao fim das «grandes narrativas», conforme diagnosticou Lyotard? Ainda existe espaço para um ato terrorista no espaço asfixiado da globalização, onde o território foi ocupado e dividido, a nova ordem imposta e definida, mesmo que muitas vezes esta se revele um caos?

O terrorismo se condensa num atentado que é, sobretudo, a tentativa de encontrar uma única direção e um único sentido no cenário global. É um esforço para simplificar o complexo, para pôr um limite ao ilimitado, para encontrar as fontes e distinguir o inimigo — uma maneira não muito distinta daquela proposta por seus inimigos declarados. É um modo forçado e paradoxal de retroagir no curso da história, uma pretensão anacrônica de reescrever seus últimos capítulos. Metafísica do atentado, vontade de potência com a qual, atacando, se rompe o vazio da inércia. Reivindicação da violência ofensiva e da vantagem inestimável conquistada por quem chega primeiro, euforia assimétrica da agressão.

Que fique claro que não é a revolução — seja a de 1789, seja a de 1917 — o modelo político dessa metafísica do atentado, mas sim a expansão europeia, que, a partir de 1492, quando superou trópicos e meridianos, não parou seu avanço até que a globalização se tornasse um fato consumado. Os novos atores do terror global, como resposta, reproduzem o ato originário de tal expansão. Sob esse aspecto, o terrorismo atual, mesmo em suas formas mais radicais, é profundamente reacionário seja em seu aspecto filosófico, seja em seu esquema político.

Essa expansão é tardia e imprudente, pois não há mais o que se dividir e nem um centímetro que já não esteja ocupado. Contudo, no universo interplanetário se abriu o espaço da informação, aquele *McMundo* enorme onde o terror global pôde plantar seu ameaçador estandarte. A invasão da infosfera, uma região praticamente sem barreiras, indefesa, não é uma tarefa difícil. Com pequenos ataques e explosões telegenéticas, os terroristas do novo milênio conseguem desestabilizar todo o sistema e manter o mundo sob sequestro. Eles têm como aliados a mídia, que, incapaz de produzir todo o seu conteúdo ficcional no estúdio, se utiliza dos eventos produzidos pelos empresários da violência real. Isso explica o enorme sucesso obtido pela estratégia de expansão conduzida pelo terrorismo, mesmo que não tenha levado à conquista de territórios físicos.

O sucesso midiático não pode, porém, enganar. A metafísica do atentado continua ali, assim como se mantêm a fé no atentado, a vontade de ser o primeiro agressor, a ideologia da liberdade de ação. Sob esse último aspecto, em particular, o terrorismo se aproxima do neoliberalismo. Ambos são recentes versões de uma tardia filosofia da ação que se baseia na reivindicação da liberdade e da pura iniciativa, sujeitos de uma agressividade soberana. O fundamentalismo do ataque e a crença impaciente no primeiro movimento levam a trocar o vazio político pelo campo aberto.

Das chamas apagadas e da fumaça turva do atentado parece surgir com mais clareza a ameaça. O atentado não é apenas um ato simbólico. O ato terrorista consiste em pretensão de soberania, deseja ser soberano, *superanus* no sentido etimológico, superior, grandioso e extremo. Na modernidade política, historicamente se realiza em diferentes formas e modalidades, em que o poder manifesta o vazio no qual se baseia. Não é um ato revolucionário nem insurrecional. Não tem nada da violência inicial, apenas a negação que naquele momento captura e magnetiza. O cenário em que ocorre um ato terrorista é o de um confronto soberano. Quanto mais deslegitimada, instável e flutuante é a soberania que encontra pela frente, mais o terrorismo avança para reivindicar sua posição. É como se anunciasse o momento último do Estado, seu limite, é quase um indicador de uma soberania decadente. É o que acontece na globalização, na qual a velha soberania, posta em discussão pela busca do ilimitado, esvaziada e enrijecida, é enfrentada pelo potente espectro do terror islâmico. O atentado não é nem mesmo uma explosão; analisando-o sob esse prisma, torna-se uma implosão no vazio político. Ao contrário da anarquia, que mostra o abismo da soberania para usá-lo contra o Estado, o terrorismo global quer se apropriar da soberania, de seu princípio, de seu comando e tomar seu lugar. O terrorismo usa as próprias armas da soberania e a desafia em seu território. Por fim, pode-se dizer que é soberano quem dispõe da ameaça mais crível. O terrorismo é o espectro da moderna soberania, que, por sua vez, é virtualmente terrorista.

Capítulo 2
TERROR, REVOLUÇÃO E SOBERANIA

Quase sempre, os atentados acabam ativando forças completamente diferentes das previstas pelo autor. Mais do que a direção, influenciam o ritmo da história, por vezes acelerando-o, por vezes freando-o.[1]

Ernst Jünger, *Récits d'un passeur de siècle*

1. Um nome de origem controlada

«Ataque terrorista ao aeroporto de Zaventem», «alarme terrorista em Londres». Na tela são projetadas imagens de devastação. O narrador sublinha com ênfase: «novas medidas de segurança foram tomadas». Adverte que «forças da ordem e do exército vigiarão as zonas de risco».

Os acontecimentos se sucedem em ritmo frenético. Não passa um dia sem que a violência global se manifeste em suas formas mais extremas e imprevisíveis, num crescendo que deixa todos

---
1 E. Jünger, *Récits d'un passeur de siècle, entretiens avec Frédéric de Towarnicki*. Paris: Rocher, 2000. p. 41.

atônitos, atordoados e quase inertes. O temor se instala e prevalece a desorientação. A crueldade gratuita, as cenas de guerra fora da guerra, os crimes anormais que atravessam nosso cotidiano parecem sem sentido, irracionais, inexplicáveis. Canais de televisão e jornais falam de «terrorismo» enquanto o termo pulula nas redes sociais. No Twitter e no Facebook os usuários clicam, compartilham e comentam repetindo automaticamente a denominação oficial: «terrorismo».

Entretanto, não há tempo para refletir sobre a plausibilidade do termo nem para meditar sobre possíveis alternativas. Não há tempo nem mesmo para pensar. Para isso contribuem os eventos repentinos e desmesurados. Sem constrangimento, usa-se um termo-chave que promete acesso a diversos fenômenos, muitas vezes completamente diversos e incomparáveis; recorre-se a um vocábulo ambíguo e indistinto para indicar o cerne universal da atualidade, a chave mestra midiática que designa todos os males do mundo e retoma todas as angústias da época.

Seja por preguiça intelectual ou aquiescência política, necessidade de transformar o desconhecido em conhecido ou impasse da língua — que é incapaz de acompanhar uma realidade cada vez mais decomposta e desmembrada —, é fato que o termo *terrorismo* reina onipresente e inconteste no espaço público. Sempre «terrorismo», sempre «guerra ao terrorismo».

Além dessa terminologia, pela qual se resumem os «fatos do dia» e se reduz a ontologia do presente, parece não existir mais nada. É o Nada do Terror que nos toca, tremendo e paralisante. O que mais haveria para entender, interpretar, pensar? De um lado os corpos estraçalhados que necessitam de piedade, do outro o enigma fechado na caixa-preta que os especialistas deverão abrir, mais cedo ou mais tarde, para trazer luz sobre o que aconteceu. Pronto. Isso já é suficiente para a opinião pública.

É óbvio que, como sempre, não faltarão as teorias conspiratórias. Aliás, o terrorismo, justamente porque parece subtrair-se de qualquer esquema racional de causa e efeito, alimenta fantasias e fabricações de todo tipo. Desde o Onze de Setembro, a teoria do complô — essa visão mágica da história que pode ser reconduzida a uma única causa que age intencionalmente, com uma vontade perseverante — começou a se difundir com força. Quem está por trás daqueles terroristas inexperientes e incapazes? Como podem deixar rastros, como Anis Amri em Berlim, que largou a carteira de identidade no caminhão usado para o atentado? A internet está cheia de montagens e vinhetas satíricas sobre o tema.

Se não fosse pela obscura e perversa destruição niilista à qual sempre é reconduzido, o terrorismo não seria nem mesmo tema filosófico. Não mereceria reflexão, apenas reprovação. Aqui, mais do que em outras situações, os pensamentos são suspeitos. Tentar compreender o fenômeno significa ir em direção ao caminho escorregadio da justificação, correndo o risco de cair num abismo. Um mal absoluto em sua forma contemporânea, o terrorismo deve ser apenas condenado. Louco, psicopata, satânico, monstruoso, desumano, imoral, criminoso, o terrorista se encontra fora não apenas dos limites da lei, mas também dos limites da humanidade. Sua prática é ilegal, a intenção é ilegítima, o combate é irregular. Não há e nem pode haver um projeto político reconhecível, visto que a política deve acontecer em âmbito estatutário. Quaisquer que sejam suas ações, seus motivos misteriosos, ou melhor, seus álibis, o terrorista atenta contra o Bem comum representado pelo Estado. O terrorista é a irracionalidade diante da razão de Estado.

Por essas razões, o «terrorismo» é uma etiqueta governada pelo Estado, um termo cujo monopólio pertence ao Estado, assim como possui o monopólio da violência. É uma marca garantida, uma denominação de origem controlada. Nesse sentido, o «terrorismo» se revela uma estratégia política e policialesca. Apenas o Estado exerce o poder de qualificar, definir, nominar. Apenas o Estado pode dizer aos outros: «terrorista». Por outro lado, ninguém pode usar esse nome contra o Estado, a não ser que esteja contestando abertamente sua legitimidade e comprometendo sua soberania.

Um «Estado terrorista» é uma contradição em termos, apesar de o terrorismo ter surgido originariamente dentro do próprio Estado e ter sido representado no cenário histórico como *terrorismo de Estado*.[2] Prefere-se, portanto, quando necessário, utilizar expressões menos prejudiciais, como «regime terrorista» ou «terror de Estado», para não expor o tabu que o Estado moderno esconde em si mesmo.

A política é, de fato, a modalidade com a qual o Estado organiza sua epifania e controla suas aparições diante do povo. O Estado deve ser capaz não apenas de manter os símbolos de sua soberania,

---

2 Cf. N. Chomsky e A. Vltchek, *Terrorismo occidentale: Da Hiroshima ai droni*. Milão: Ponte alle Grazie, 2015. Mesmo antes, cf. A. Camus, *L'uomo in rivolta*. Milão: Bompiani, 1957.

como também de administrar o terror que incute em seus cidadãos. Por outro lado, porém, o terror, que não se esconde num passado muito misterioso, está inscrito no coração do Estado democrático moderno e poderia sempre ressurgir. É por isso que o Estado rejeita para si o estigma de «terrorista», é por isso que reage duramente contra o terror.

2. Desativar o campo minado do terrorismo

Para refletir sobre o terrorismo, essa forma paroxística de destruição, é necessário dar um passo atrás e se distanciar da cena do horror e da violência, o que não significa desconsiderar a morte abjeta de pessoas desarmadas ou esquecer e perdoar. A reflexão exige que se pare antes de ser atingido pelos artigos e pelas matérias cruéis que suscitam impulsos de morte e pela reprovação moral que a vontade de vingança promove. De outro modo, incorre-se no risco de entrar numa espiral de endosso da ideia perversa de um embate último entre o Bem e o Mal, o que levaria a filosofia a declarar uma «guerra justa» contra o terror.[3]

Ao contrário, é necessário desconstruir aquele nome de origem controlada. É preciso desativar o campo minado do terrorismo, remover aquela carga emotiva que recai sobre o fenômeno e

---

3 Como fez M. Walzer, *Guerre giuste e ingiuste: Un discorso morale con esemplificazioni storiche*. Roma-Bari: Laterza, 2009. pp. 248 ss.

bloqueia o estudo. Remover, portanto, suas minas prontas para explodir e desbloquear o conceito, desvinculá-lo da armadilha psicopolítica, libertá-lo da arapuca do estigma para explorar seu sentido. Apenas assim será possível elaborar uma perspectiva diferente da tradicional, governada pelo Estado detentor do monopólio da marca. Desativar o campo minado do terrorismo significa, portanto, superar o choque e a perturbação e fazer uma análise fria e decidida do terror contido no Estado.

Talvez esse seja o motivo pelo qual não se faça uma profunda reflexão sobre o terrorismo, enquanto existem vários percursos históricos que tentam encontrar um fio condutor entre as diversas épocas. Mas é realmente possível reconstruir uma história do terrorismo?

Até agora, as tentativas seguiram duas direções. A primeira é a conduzida pelo historiador Walter Laqueur, que desde 1977, quando publicou o livro *Terrorism*, vem escrevendo vários volumes sobre o tema e traçou sua história acrescentando eventos sucessivos, mas sem mudar sua impostação. Laqueur não tem dúvidas: o terrorismo é apenas aquele dos rebeldes, anarquistas, brigadistas e, mais tarde, dos islâmicos e jihadistas. O autor nem menciona a questão da continuidade, uma vez que o terrorismo não seria nada além de uma «forma mascarada de violência» perpetrada por um grupo para atingir fins políticos.[4] À imprecisão de tal definição, segundo a qual todo tipo de violência ilegal seria um ato terrorista, acrescenta-se

....
4 W. Laqueur, *L'età del terrorismo*. Milão: Rizzoli, 1987. p. 72. Porém, sobre as dificuldades de uma definição, cf. Id., *No End to War: Terrorism in the Twenty-first Century*. Nova York-Londres: Continuum, 2007. pp. 232-3.

o limite, ainda mais grave, de sustentar uma visão demoníaca do terrorismo que nasceria somente de baixo. Resumindo, Laqueur desenha uma história do terrorismo seguindo uma visão estatutária.[5]

A segunda direção é a seguida por Gérard Chaliand, especialista em pesquisas estratégicas que organizou, com Arnaud Blin, a obra *Histoire du terrorisme. De l'Antiquité à Daech* [História do terrorismo: da Antiguidade ao Estado Islâmico]. Para delinear um percurso histórico do terrorismo é indispensável reconhecer um motivo recorrente entre as diferentes formas de terror. A questão se torna ainda mais complicada quando se leva em consideração tanto o terrorismo que vem de baixo quanto o que vem do alto. Esse é o objetivo de Chaliand e Blin, que se declaram interessados também no terrorismo do Estado. A fronteira entre um e outro é incerta e permeável. O terrorista de ontem pode se tornar o estadista de amanhã. Os exemplos usados são os de Menachem Begin e Yasser Arafat, que também ilustram essa metamorfose paradoxal em outros textos. Segundo Chaliand e Blin, é preciso identificar no terror, seja este proveniente do alto ou de baixo, isto é, na variedade de seus múltiplos aspectos, de suas múltiplas faces, um fio condutor que os una. «O terrorismo é antes de tudo um *instrumento* ou, se preferir, uma *técnica*.»[6] Portanto, é tão «antigo» quanto a prática da guerra.

---

[5] O «terrorismo de Estado», e apenas aquele do bloco soviético, de al-Gaddafi, do Irã, de Saddam. Cf. W. Laqueur, *Il nuovo terrorismo*. Milão: Corbaccio, 2002. pp. 191 ss.

[6] G. Chaliand e A. Blin (Orgs.). *Histoire du terrorisme: De l'Antiquité a Daech*. Paris: Fayard, 2016. p. 19.

Os autores desenvolvem uma cronologia do fenômeno e enfatizam a continuidade graças a uma concepção instrumental que permite delinear uma longa história. O que é, então, o terrorismo? Um instrumento, uma técnica, entendida porém como um meio.

Essa concepção tem algumas vantagens: contribui parcialmente para desativar o campo minado que é o terrorismo, evitando as retóricas da estigmatização. Para ser mais preciso, neutraliza-o moralmente quando o apresenta como um instrumento que, para além do bem e do mal, não é nem louvável nem deplorável. De fato, são chamados de terroristas tanto membros da Al-Qaeda quanto pessoas que fizeram parte da resistência e lutaram contra os nazistas, o que confirma o famoso provérbio segundo o qual o terrorista de um é o combatente pela liberdade do outro. O descrédito um dia pode ceder lugar ao reconhecimento.

Além disso, a busca por um elemento unificador que envolve atos terroristas não apenas diferentes, mas também em momentos distintos no tempo, evita o juízo precipitado sobre o «novo terrorismo» que surgiu depois do Onze de Setembro. Tal juízo se reflete seja na propensão a enfatizar um momento de ruptura, vendo naquele evento um *unicum*, seja na escolha de fórmulas extremas, como a do «hiperterrorismo», escolhida por François Heisbourg.[7]

Entretanto, essa concepção também apresenta alguns limites. A tese sobre a qual se apoia a sustentação de Chaliand e Blin é de uma ingenuidade desconcertante. Primeiro porque desconsidera as diferenças, reduzindo o terrorismo a uma técnica neutra que

---

7 Cf. F. Heisbourg, *Iperterrorismo: La nuova guerra*. Roma: Meltemi, 2002.

percorre a história e possui até mesmo uma «pré-história». Começaria com os zelotes, os judeus que se rebelaram contra o domínio dos romanos — mas não seria esse o primeiro capítulo de resistência? —, para continuar com a Ordem dos Assassinos, a seita ismaelita ativa entre a Síria e o Irã durante o século XII que praticava assassinatos políticos. Talvez com a intenção de mostrar a gênese sacral do terror, imputada ao «messianismo», Chaliand e Blin defendem que «os zelotes e a Ordem dos Assassinos constituem os dois exemplos clássicos de organização terrorista».[8]

A Ordem dos Assassinos é *igual* aos jihadistas da Al-Qaeda? Sim, porque tanto um como o outro usam armas brancas. Aqui a redução instrumental atinge seu ápice. O assassinato político direcionado, que tem como objetivo um representante do poder, é posto no mesmo plano do massacre indiscriminado de civis.[9] Surge, portanto, um segundo limite. Levados pelo propósito de desmontar a estratégia, de isolá-la dos estigmas e das censuras tendo em vista uma definição objetiva, Chaliand e Blin acabam deixando de lado a dimensão política. Desse modo, porém, se perde também o fenômeno do terrorismo.

Para desativar o campo minado do terrorismo e, sobretudo, desmembrá-lo, os autores acabam ficando de mãos vazias. Impossível de ser entendido, circunscrito e identificado, o terrorismo parece desaparecer, dissipar-se, a tal ponto que o politólogo francês

---

[8] G. Chaliand e A. Blin (Orgs.), op. cit., p. 76.

[9] Para uma crítica, cf. J. Sémelin, *Purificare e distruggere: Usi politici dei massacri e dei genocidi*. Turim: Einaudi, 2007. p. 438.

Didier Bigo afirma: «O terrorismo não existe».[10] Segundo ele, não existe um «conceito» que possa ser usado proveitosamente durante a pesquisa. Porque, ao contrário, bombas, atentados e mortes acontecem todos os dias.

A dificuldade de reconstruir uma história está ligada ao dilema da definição. Enquanto centenas de tentativas frustradas foram se acumulando, busca-se ainda, em vão, um conceito adequado. Em vão porque são muito heterogêneas as formas históricas nas quais o fenômeno se articula e uma definição unitária parece forçada, ou uma tautologia. Por exemplo, quando se diz que o terrorismo é qualquer ato de violência que tenha como objetivo a disseminação do terror.

Por outro lado, a conotação negativa do termo é muito evidente. Conforme observa Townshend, «ninguém se autodefine 'terrorista'».[11] Não é por acaso que são os Estados que fazem uso da retórica do discurso público, calibrando a definição de acordo com o grupo que querem deslegitimar. Isso explica por que organizações como a Anistia Internacional não fazem uso dessa etiqueta em seus estudos anuais.

Se o terrorismo resulta de uma estigmatização, do êxito de uma projeção psicopolítica, parece discutível traçar uma história que, além de incorrer em anacronismos, arrisca ser uma reconstrução ideológica. É essa a razão pela qual, nos cada vez mais nume-

---

10 D. Bigo, «L'impossible cartographie du terrorisme». *Cultures et Conflits*, 25 fev. 2005.

11 C. Townshend, *La minaccia del terrorismo*. Bolonha: il Mulino, 2004. p. 21.

rosos estudos, prevalece a tendência de oferecer, além da pesquisa histórica documentada e uma tipologia das diferentes formas de terror, uma fenomenologia política que descreva os atos terroristas.

3. Notas sobre medo, angústia e terror

Percebe-se nos olhos dos outros, vê-se na expressão contraída da face, nas mãos trêmulas, e observa-se dentro de si, pelo calafrio, por um espasmo, mas também por uma aversão. Nem mesmo os mais corajosos são poupados. Contudo, por mais que ninguém o ignore, é difícil explicar o que é o medo. Conforme sugerem os filósofos, é uma emoção forte, que aparece de improviso diante de um perigo, real ou imaginário. Ao contrário do que a linguagem leva a crer, não é o «sujeito» que «tem medo», mas sim o medo que o possui, que o subjuga, que o dobra. O espaço se contrai e o tempo para. Quem é acometido pelo medo fica preso no lugar em que se encontra: gostaria de fugir mas não consegue. É como se uma prisão o impedisse. Paralisia e fuga — entre esses dois impulsos, o medo reina incontestado. Parece que não há saídas. O corpo se debate, as mãos buscam inutilmente por um apoio. O medo cega no momento em que os olhos se arregalam diante do perigo. De repente já não existem apoios e lugares seguros. O mundo deixa de ser familiar, a confiança desaparece e a incerteza impera.

O medo é sempre medo de alguma coisa ou de alguém. Porém, se a ameaça se expande e se torna onipresente, então o medo perde sua direção e transborda em pânico. Aqui o todo, lá o nada: desvinculado do que o formou — a escuridão, a perda iminente, um choque repentino —, o medo vira pânico ou angústia. Foi Heidegger quem mostrou, no célebre parágrafo 40 de *Ser e tempo*, como a angústia — que em alemão usa o mesmo termo para indicar o medo, *Angst* — é aquela situação em que se teme algo, sem, porém, que se diga exatamente o quê.[12] A ameaça é indefinida. E mesmo assim a angústia oprime e tira o fôlego. Quando acaba, não é possível dizer exatamente o que a provocou. «O que aconteceu?» Em geral a resposta é: «Não sei, não era nada». A angústia é o medo do nada — o nada no qual, em sua insignificância, parece afundar o mundo, o nada do qual constantemente emerge a existência. Porque existir significa sair de um nada para o qual se pode sempre voltar. Quem é angustiado percebe a própria finitude, aquilo que não é, que poderia ter sido, que não foi. Mas graças à angústia percebe também seu poder, suas possibilidades. De repente, não se sente mais em casa no mundo, ao qual aderiu, no qual estava disperso e, de fato, se sente sem chão. Mas justamente por isso se refere a si mesmo. A angústia é um sinal de vida autêntica. Para Heidegger, a época da técnica é caracterizada não apenas pela remoção da morte, mas também pela dificuldade de se deixar levar pela angústia.

Se o medo toma conta dos ânimos, então com o medo é possível controlar os ânimos dos outros. Desde Maquiavel, que o eleva a categoria política, o medo revela sua estreita relação com o

---

12 M. Heidegger, *Essere e tempo*. Milão: Longanesi, 2014. pp. 225 ss.

poder. É, no entanto, uma difícil arte incutir o medo veladamente enquanto a soberania se mantém intacta. O príncipe deve evitar que esse sentimento se transforme em ódio e leve o povo à revolta.

O medo entra na política inaugurando a modernidade. Vários filósofos se perguntam sobre o papel dessa emoção, sobre seus usos e seus potenciais. Além disso, num mundo cada vez mais aberto, do medo do desconhecido nasce a necessidade de segurança. É Hobbes quem transforma o medo, *fear*, na fundamentação da ordem política, o dispositivo do *Leviatã* que marca a passagem do medo individual ao medo compartilhado. Melhor do que viver isolado e se tornar alvo de uma morte violenta, em meio à «guerra de todos contra todos» que é o estado de natureza, é se submeter ao soberano, à sua tirania legítima, em que o «terror de algum poder», «o terror da punição», é que garantirá a manutenção dos vínculos.[13]

Hobbes usa o termo *terror*, sublinhando seu valor positivo. É a palavra francesa *terreur* que no futuro irá adquirir a carga semântica sinistra e intimidadora. Se o medo é despótico, o terror parece levar a uma forma política transcendental, na qual o recurso à violência excede qualquer limite.

Derivado do latim *terror*, que por sua vez provém da raiz indo-europeia *ter*- «tremer», o terror parece ter muitos pontos de contato com o medo. Quem está aterrorizado se digladia entre a paralisia e a fuga, à mercê da tremedeira. A fenomenologia é a mesma; as diferenças, no entanto, são inúmeras. A começar pelo fato de que não se pode «ter» terror, este só pode ser sofrido. Domina,

---

13 T. Hobbes, *Leviatano*. Roma-Bari: Laterza, 1974. pp. 266-7 (II, XXVII).

delega, canaliza em si todo o repertório dos medos e o leva ao extremo. O terror é a ameaça por excelência. No direito romano, *terror* ou *territio* é a tortura. Se o medo possui várias caras, o terror é a ausência de expressão da rigidez petrificada. Assemelha-se à cabeça cortada da Górgona, com seus olhos perdidos, privados de vida.

O que impressiona é o sucesso político ao qual o terror é destinado na modernidade — o mesmo não se pode dizer do medo —, a tal ponto que, quando escrito com maiúscula, *Terreur*, se emancipa do âmbito das emoções para praticamente indicar um novo e controvertido conceito. Tudo começa quando a Revolução o invoca, reivindica-o, implora por seu socorro. Uma perigosa relação que, por diversos eventos, nunca deixou de existir. A Revolução Francesa o estabelece na «ordem do dia». Quando se fala em «terror», pensa-se quase exclusivamente no terror revolucionário. Como julgá-lo? Até mesmo um moderado como Kant reconhece que o grande entusiasmo despertado pela revolução está em sua resposta à «disposição moral do gênero humano» — em que a violência é relativizada devido àquele desenho maior —, em resumo, está em sua humanidade. Kant, porém, fala de «terrorismo moral» e se refere a um regresso fanático ao estado de cólera.[14] Talvez a definição mais eficaz da práxis política do terror tenha sido dada por Hegel: «rigidez absoluta e inflexível».[15] Graças ao terror, que é um

---

14 I. Kant, *Il conflitto delle facoltà*. In: _____. *Scritti di filosofia della religione*. Milão: Mursia, 1989. pp. 286, 283.

15 G. W. F. Hegel, *Fenomenologia dello spirito*. Florença, La Nuova Italia, 1973. 2 v., v. II, p. 130.

estado inevitável, a liberdade abstrata experimenta o próprio limite e compreende a necessidade do direito. Acontece que, enquanto impõe a rigidez, o terror revela sua inquietante proximidade com a morte. É a morte fria representada pela cabeça que cai sob a lâmina da guilhotina.

Como esquecer essas imagens? Seguindo o rumo da história, o Terror não se remete mais à Revolução Francesa porque, a partir da segunda metade de 1800, outras formas de «terror» tentaram tomar conta do cenário, até que a Revolução de Outubro, com seus efeitos posteriores, repetirá o tema sob um aspecto novo e complexo. Seria errado usar o fio condutor de seu sucesso político para reconstruir as peripécias históricas do terror, que, mesmo em toda a sua rigidez, muda e se transforma, pondo em dúvida a possibilidade de uma linha contínua. O terror jacobino é profundamente diferente seja daquele dos atentados, seja do «terror vermelho».

Durante o século XX, prevaleceu a técnica do terror não apenas como modalidade de dominação, mas também de extermínio. Como explicou Hannah Arendt, o terror não se limita a eliminar a oposição: depois de dominá-la, transforma-se em «terror total», virando-se não apenas contra os inimigos, mas também contra os amigos. Aliás, é essa a diferença entre tirania e regime totalitário que tanto provoca confusão. Nesse sentido, o terror «é a essência do poder totalitário».[16] Aqui a rigidez chega a tal ponto que não só

---

16 H. Arendt, «Ideologia e terrore». In: FORTI, S. (Org.). *La filosofia di fronte all'estremo: Totalitarismo e riflessione filosofica*. Turim: Einaudi, 2004. pp. 43-70, p. 49.

a liberdade é suprimida, mas também qualquer espaço de movimento. Um vínculo de ferro funde os muitos num só. O terror não é uma modalidade de governo: é o próprio terror quem governa. É isso que significa «ordem do terror». Quando descreve o poder que devora o povo, ou seja, o próprio corpo, e que contém em si os germes da autodestruição, Arendt sublinha a maneira como o terror utiliza para fins próprios, junto de sua superfluidade, a «erradicação» de todos os seres humanos.[17] Ser erradicado significa não se sentir mais em casa no mundo. Mas foi Horkheimer quem primeiro indicou, em 1950, o risco de um mundo «ameaçado pelo terror».[18] Aqui já se antecipa o prelúdio do atmoterrorismo.

O terror se torna uma atmosfera. Já não é um instrumento de governo nem governa com seu punho de ferro. Ao contrário, deixa que, em sua aparente ausência, todos sejam largados no vazio planetário, expostos ao abismo cósmico. Ameaças não são necessárias — porque as ameaças parecem vir de fora. O desejo de defesa se torna óbvio.[19] É o que acontece nas democracias pós-totalitarismo, que não podem se considerar, portanto, livres de uma atmosfera de terror compartilhada.

O sentir-se fora do lugar se torna insuportável. Isso acontece também porque todos aqueles nichos de existência onde nos sen-

---

17 Ibid., p. 65.

18 M. Horkheimer, «Politik und Soziales». In: SCHMIDT, A; SCHMID NOERR, G. *Gesammelte Schriften*, VIII. *Vorträge und Aufzeichnungen 1949-1973*. Frankfurt: Fischer, 1985. p. 46.

19 Cf. *infra*, 4, 10.

tíamos protegidos foram progressivamente excluídos. É por esse motivo que o terror atual se revela o oposto da angústia: em vez de revelar a autenticidade, dobra a existência, deprime-a, condena-a à busca por uma asfixiante e perigosa segurança.

4. O terror revolucionário não é terrorismo

Apesar de ser praticado desde tempos imemoráveis, o terror se torna protagonista do cenário político na modernidade. É a revolução que o teoriza, sublinhando quase, com a prerrogativa da maiúscula, seu valor inaugural: Terror.

Quando a revolução de 1789 é derrotada, os vencidos da história se tornam no mesmo instante estigmatizados como «terroristas». A nova cunhagem do termo «terrorista» remonta a 1798, quando o *Dictionnaire de l'Académie Française* o define como «sistema, regime do terror». Mas já Edmund Burke, em seu *Letters on a Regicide Peace* [Cartas sobre uma paz regicida], de 1795, falava de «milhares de cães de caça infernais chamados terroristas».[20] Além disso, toda a literatura termidoriana e a sátira conservadora tinham descrito com cores sombrias homens e mulheres do Terror, criaturas monstruosas, seres desumanos, feras sedentas de sangue, para relegá-los a uma patologia política. Aqui se encontra a gênese contrarrevolucionária das palavras «terrorismo» e

---

20 E. Burke, *Letters on a Regicide Peace*. Londres: Payne, 1795. p. 315.

«terrorista». A partir daquele momento, «terrorista» é o nome de uma deslegitimação perpétua, é a marca do descrédito posta não apenas sobre o revolucionário, que uma vez vencido é excluído da esfera política, mas também, em retrospectiva, sobre a revolução.

Do Terror derivaria necessariamente o terrorismo. Nada mais óbvio. Essa falsa obviedade foi reproposta, quase em uníssono, pelos estudiosos. Não surpreende, portanto, que a equação tenha sido ampliada. Revolução = Terror = niilismo = totalitarismo = barbárie. Assim funcionou, e assim ainda funciona, uma aritmética elementar que está na base seja das reconstruções históricas do terrorismo, seja das análises políticas. Nesse primeiro caso, alguns estão dispostos até mesmo a admitir que se trata de «terror de Estado».[21] O culpado por isso não pode ser outro além de Robespierre. Todos os terrorismos que vieram depois seriam contidos *in nuce* no Terror: aqueles que vieram de baixo, mas também aqueles que são herdeiros diretos do «terror de Estado», a começar pela Revolução Russa de 1917, o apogeu aberrante do terror totalitário.[22]

Essa confusão tardia e cheia de pretextos tem por objetivo despertar uma condenação moral que remonte até a revolução e a invista em cheio. Como se fosse um aviso de que a guilhotina ocupa desde sempre a imaginação do revolucionário, ou seja, do terrorista que está por vir, dominado por impulsos de morte e pela sede de

---

21 A. Blin, *Le Terrorisme*. Paris: Le Cavalier Bleu, 2005. p. 25. Essa equação entre terror e terrorismo aparece, portanto, em textos amplamente divulgados, assim como em dicionários e enciclopédias.

22 Cf. G. Chaliand e A. Blin (Orgs.), op. cit., p. 132.

extermínio. De onde vem esse renovado desgosto pela revolução? A começar pela Revolução Francesa? Para Sophie Wahnich, autora de um corajoso estudo sobre o tema, são dois os motivos: o modo como se olha o passado pela história das catástrofes do século XX; um modelo idealizado de democracia que tende a remover sua origem conflituosa.[23] Com esse olhar, a revolução parece o oposto da democracia — não sua matriz —, mas uma forma política em si, suficientemente cruel para deslizar sob a etiqueta cada vez mais ampla do «totalitarismo». Assim, aqueles revolucionários, pelo amor da humanidade, se tornaram desumanos. Sangue não foi derramado? Os corpos dos inimigos não foram brutalizados? Foi Hannah Arendt quem se fez particularmente essas indagações. No livro *Sobre a revolução*, Arendt liga a experiência francesa à revolução bolchevique.[24] Arquétipo de uma violência indiscriminada, a revolução não poderia deixar de desembocar no terror totalitário. Violência, claro, mas qual, contra quem?

A revolução não foi terrorista. De fora ameaçada por uma invasão estrangeira, por dentro pelas forças contrarrevolucionárias, a nova república, com apenas dois anos de vida, estava em grave perigo. Em julho de 1792, a Assembleia Geral havia declarado *patrie en danger*, «a pátria em perigo». O temor se difundia pela população de Paris. O efeito mais grave foram os massacres de setembro, quando a fúria explodiu de modo descontrolado. «Somos

---

23 Cf. S. Wahnich, *La liberté ou la mort: Essai sur la Terreur et le terrorisme*. Paris: La Fabrique, 2003. p. 16.

24 Cf. H. Arendt, *Sulla rivoluzione*, op. cit., pp. 95 ss.

terríveis», disse Danton, «e eximiremos o povo de sê-lo.» Em 10 de março de 1793 foi instituído o Tribunal Revolucionário. Motes como «liberdade ou morte» foram levados ao pé da letra enquanto surgia o conceito de «saúde pública» para definir essa situação extrema. O povo pediu o alistamento das massas, solicitou a criação de um exército revolucionário. Em 19 frutidor do ano I, ou 5 de setembro de 1793, os porta-vozes discursaram na Assembleia: «Chegou a hora de a igualdade passar o machado sobre todas as cabeças. Chegou a hora de aterrorizar os conspiradores. Legisladores, ponham o terror na ordem do dia». *Plaçons la terreur à l'ordre du jour. Soyons en révolution.* Robespierre, presidente da Assembleia, respondeu: «Cidadãos, é o povo quem faz a revolução».[25] Mas as emoções soberanas do povo — como bem sabia Robespierre — tinham de ser articuladas.

Ao contrário da crença comum, o Terror evitou o pior, pois foi capaz de frear a violência legítima do povo e conseguiu conter a vingança. Elevado a método político, o Terror não é apenas um dever, mas também um direito. Remo Bodei escreveu:

> Quanto desespero impotente não tiveram de suportar o povo e os pobres antes da vingança, e o dilúvio de ações delituosas que não tiveram de sofrer por parte de uma minoria prepotente, que sempre gozou da mais completa impunidade, antes de se rebelar![26]

---

25 Cf. *Le Moniteur universel*, reimp. Paris: Plon, 1947. t. 17, p. 526.

26 R. Bodei, *Geometria delle passioni: Paura, speranza, felicità*. Milão: Feltrinelli, 2007. p. 424.

A violência política, exercitada publicamente e sem filtros, fez 16 mil vítimas condenadas pelos tribunais do Terror, das quais 14% entre a aristocracia e o clero, outros 14% na alta burguesia e 72% entre os setores que promoveram a revolução. George Büchner, com uma ênfase já romântica, diz a Danton: «Eu sei bem: a revolução é como Saturno, devora os próprios filhos».[27] Com menos clamor e cheia de subterfúgios, somente em 1787 a monarquia matou 8 mil pessoas na Pont Neuf; isso sem contar as centenas e milhares de pessoas que eram enforcadas nas prisões, afogadas no Sena ou mortas na roda. A diferença estava, porém, no «luxo metafísico» com que os revolucionários exibiam abertamente as razões para a violência. Em 9 ventoso do ano II, ou 26 de fevereiro de 1794, Saint-Just exclama:

> Cidadãos, qual ilusão vos persuade de serem inumanos? Vosso tribunal revolucionário fez perecer trezentos malvados num ano: e a inquisição espanhola não matou mais do que isso? E por qual causa, grande Deus![28]

O Terror revolucionário desnuda a soberania, expondo-a a céu aberto. Ele o faz de maneira descarada em relação ao pudor político que sempre a manteve velada, escondida. É por isso que espantou o pensamento comum.

....

27 G. Büchner, *La morte di Danton*. In: _____. *Teatro*. Milão: Adelphi, 1978. p. 26.

28 L. de Saint-Just, «Rapport au nom du Comité de salut public et du Comité de sûreté générale sur les personnes incarcérées». In: _____. *Œuvres complètes*. Paris: Gallimard, 2004. p. 700.

Se o povo é soberano, como a revolução decidiu, então o rei não pode sê-lo. O povo não condena o rei, mas o empurra para o nada. Quem o pede é o poder constituinte; sendo assim, o juízo que se abate sobre o rei como um raio não é um crime. Robespierre discorre mais de uma vez a esse respeito, fala de «vingança» — vingança, não justiça, porque o direito deixou de existir, e quem o organiza desapareceu. Não sobraria então a morte do outro e o sacrifício de si. Mas o Terror intervém para evitar o banho de sangue.[29] Claro, terror significa rigidez; o risco é que também a revolução resfrie, mas não existem outras respostas políticas. A paixão febril poderia devastar o corpo comunitário, que deve, ao contrário, se resfriar para poder se constituir. No fundo, isso significa «saúde pública». O Terror é a defesa do corpo comunitário contra o que acabaria por destruí-lo. Enquanto exercitam o poder, os revolucionários sabem que caminham na beira de um abismo que não é um vazio que leva ao nada, mas sim um recipiente incomensurável a partir do qual novas formas podem surgir. Não é o nada niilista, mas sim o instante do nada — aquele instante extraordinário no qual o povo conquistou a soberania.

É a cena soberana descrita por Walter Benjamin no ensaio «Crítica da violência». É impossível não perceber a afinidade entre a violência popular e a «violência divina». *Vox Populi, vox dei*. É a violência que não pede sacrifícios, mas os aceita, que não culpa e

---

[29] Cf. P. Gueniffey, *La politique de la Terreur: Essai sur la violence révolutionnaire 1789-1794*. Paris: Gallimard, 2000. pp. 149 ss.

castiga, mas purga e espia.[30] A violência revolucionária foi violência soberana.

5. Os terroristas são niilistas?

É a palavra que se propaga no dia seguinte ao Onze de Setembro: «niilismo». De que outra maneira definir aquela surpreendente crueldade destruidora, para a qual nenhum nome parece adequado? No jornal *The Telegraph* de 25 de outubro de 2001, John Keegan, estrategista e historiador britânico, observa: «Nas últimas semanas, introduziu-se no mundo uma ameaça completamente nova: o niilismo de um rico e insaciável movimento fundamentalista».[31]

A comparação é retomada pelo filósofo francês André Glucksmann no livro *Dostoïevski à Manhattan*, publicado em 2002. Desde então essa tese se consolidou em todos os círculos, sobretudo na imprensa, sem encontrar obstáculos. Recentemente a comparação encontrou voz no ensaio *Le Jihad et la mort*, publicado em 2016 por Olivier Roy, no qual, apesar de fugir de vários lugares-comuns e sustentar o conceito original de «islamização da

---

30 W. Benjamin, «Per la critica della violenza». In: GANNI, E. (Org.). *Opere complete*, I. *Scritti 1906-1922*. Turim: Einaudi, 2008. pp. 467-88.

31 J. Keegan, «Why the new terrorism threatens all of humanity». *The Telegraph*, 25 out. 2001. Disponível em: http://www.telegraph.co.uk/comment/4266434/Why-the-new-terrorism-threatens-all-of-humanity.html.

radicalidade», o autor acrescenta que nessa revolta pura, sem utopia, «a dimensão niilista é central».[32]

Não é Saint-Just o arcanjo dos terroristas atuais. Os precedentes devem ser buscados em outro lugar, não nas praças revolucionárias, mas sim nas páginas da literatura, aquela que descreveu o espectro do niilismo justamente quando este começava a surgir e que quase o evocou. Mas, para quem está convencido de que o terrorismo é um niilismo, não é necessário buscar apoio nos clássicos. Basta considerar a etimologia: niilismo vem de *nihil*, nada. Aqui está a chave interpretativa: o terrorista seria quem não crê em nada, o não crente ou o descrente. Seria inútil procurar um projeto. Não apenas não crê em nada, mas não quer nada. Aqui se esconde seu crime mais insuportável.

Permeado pela pulsão da morte, capaz de parar na beira do abismo, destinado ao delito supremo, que elimina o outro apenas porque nasceu, o terrorista-niilista não tem ideais e valores, não conhece regras e tabus. O ilimitado da transgressão é seu *ubi consistam*. Seu mote é: «Mato, então existo». Sempre pronto para o êxtase do abandono, antegoza a volúpia da tempestade antes do último e frio salto, inspirado pela alegria da destruição e inflamado pelo ímpeto da glória póstuma. Que se diga agnóstico, ou que se proclame a espada inclemente de uma vontade divina, com seu ego ele substitui Deus para dispor, pelo menos por um instante, daquela potência aniquiladora. Seu único sonho é levar o mundo de volta para o seu nada inicial. Descriar, fazer tabula rasa, reduzir

---

[32] O. Roy, *Le jihad et la mort*. Paris: Seuil, 2016. p. 13.

ao *ground zero*. As vidas dos outros se apegam ao fio da sua, que se oferece no sacrifício último apenas para o maior número de seus similares, em direção à escuridão eterna. Nessa emoção extática não há nenhuma doutrina esotérica, mas se coagulam paixões banais e triviais. Seu gesto se resumiria a uma tentativa de acesso à soberania que passa pela morte.

Esse exemplar dos fora da lei planetários é um soldado absoluto que escolhe o aniquilamento no lugar da defesa, é um artesão apocalíptico que pode transformar sem constrangimento um avião quase numa bomba atômica, é um guerreiro desenraizado, capaz de transformar os meios de troca e de comunicação num infinito arsenal de extermínio. Seu *kalashnikov*, introduzido no espaço da cidade, dá voz à violência que ressoa no caos plúmbeo e automático do terror. Nenhuma visão de mundo, nenhum sentido guia seu *modus operandi*. Autoeleito purificador do mundo, dá vida a um conflito insensato que abole qualquer tipo de fronteira. Mutilado no coração, amputado na consciência, não conhece remorso ou tormento. Para o terrorista-niilista não existe o sofrimento do próximo, uma vez que o próximo não existe para ele. Sua jornada em direção ao nada é uma frenética fuga para a frente, uma corrida extática de encontro à morte, uma navegação além do bem e do mal. Poderá parar apenas quando a luz da destruição tiver selado a escuridão.

Contra esse «inimigo da humanidade» seria lícito, segundo Glucksmann, apelar para uma «aliança universal».[33] A imagem

---

33 A. Glucksmann, *Dostoevskij a Manhattan*. Florença: Liberal Libri, 2002. pp. 75, 77.

satânica do terrorista, esse desconcertante acrobata do nada, que acaba caindo fora da humanidade, está fixada seja na reflexão sobre o fenômeno, seja no discurso público. Além dos riscos incorridos pela demonização do adversário, tal imagem parcial tem o grave limite de desmentir ou ignorar a existência de um projeto político, ou teológico-político, o que pode ser verdade somente para poucos e raros casos, e não para as versões mais sofisticadas do terror — a não ser que se considere que apenas o Estado seja legitimado a possuir um desenho e uma estratégia.

O mal-entendido é profundo e se refere ao modo de interpretar o niilismo. Segundo essa concepção popular, quem não acredita em nada fica estigmatizado com o epíteto «niilista» que, na ocorrência, acaba por substituir «terrorista». Mas só se pode responder à pergunta sobre se os terroristas são niilistas depois de uma análise profunda do fenômeno em toda a sua complexidade.

Vale a pena lembrar que Nietzsche, o inigualável profeta e sagaz diagnosticador do niilismo, foi levado a examinar com atenção a «doença» que acometia o século, devido à enorme impressão deixada na imprensa e na opinião pública pela sequência de atentados na Rússia e em toda a Europa. Quando, a partir do verão de 1880, começou a descrever o niilista, o «mais inquietante» entre os hóspedes, o sinistro que anda pela casa sem que seja possível expulsá-lo, Nietzsche pensava não somente nos protagonistas dos grandes romances russos, mas também nas obscuras e inexplicáveis figuras que espalhavam o terror pela velho continente. O primeiro dos quatro livros em que se divide a *Vontade de potência*, o polêmico volume publicado em 1901, tem como tema «O niilismo europeu».

O tema ao longo do qual Nietszche se move é que «Deus morreu» — esse é «o grande acontecimento» que lança por todos os lugares sua enorme sombra.[34] O efeito imediato é a desorientação, a perda dos ideais, a desvalorização dos valores. De repente, o caminho se torna impraticável. Descobre-se, ademais, que não nos movemos sobre terreno firme, mas sobre uma calota de gelo que, desprendendo-se, deixa à mostra o abismo. «Niilismo: falta o objetivo; falta a resposta ao 'por quê?'; o que significa niilismo? — *que os valores supremos se desvalorizam.*»[35] Não existe um culpado para isso. O niilista não é quem acende a chama, mas quem se deixa acender, quem subjaz à grande sedução do nada. Na modernidade se esconde um niilista em cada um, assim como o viajante sobre o gelo representa a falta de chão de todos.

> Descrevo o que vai acontecer: o advento do niilismo […]. O homem moderno acredita experimentalmente uma hora nisso, outra hora naquele *valor*, para depois deixá-lo de lado; o círculo dos valores superados e deixados de lado é cada vez maior; sentem-se cada vez mais o *vazio* e a *pobreza dos valores*; o movimento é irreversível — apesar das tentativas em grande estilo de pará-lo. Por fim o homem ousa uma crítica dos valores em geral; *reconhece* sua origem; *conhece* o suficiente para não acreditar mais em nenhum valor; aqui está o *pathos,* a

---

34 F. Nietzsche, *Idilli di Messina. La gaia scienza. Frammenti postumi 1881-1882*. In: COLLI, G.; MONTINARI, M. (Orgs.). *Opere*. Milão: Adelphi, 1964. v. V, t. II, p. 239.

35 Id., *Frammenti postumi 1887-1888*. In: COLLI, G.; MONTINARI, M. (Orgs.). *Opere*. Milão: Adelphi, 1964. v. VIII, t. II, p. 12.

nova emoção [...]. Aquela que eu conto é a história dos
próximos dois séculos.[36]

O niilismo se destaca no pleno apogeu da modernidade, em que parece claro que, com o desenvolvimento do mundo, «não se pretende *nada, nada* é alcançado».[37] É a visão de uma época do eterno retorno que Nietzsche teve em agosto de 1881, no lago Silvaplana. O que poderia ser mais terrível do que um fim que se repete no nada? E de um nada que volta inelutável no fim? Esse é o niilismo completo, a forma extrema de niilismo: é o «nada eterno!».[38] Seria inútil buscar os vestígios de um crescimento, de um progresso, de uma ordem do mundo que se aproxime da felicidade. Ao contrário, para a existência do indivíduo, assim como para a do mundo, nada além de uma ampulheta virada novamente é projetado. Quem poderia suportar tal pensamento destruidor? Somente o «Super-Homem» — responde Nietzsche —, somente um niilista capaz de favorecer aquela destruição, somente um além-do-homem.

Heidegger segue sua linha de pensamento, apesar de considerar o niilismo um fenômeno não apenas europeu, mas planetário. Quando se está doente, é necessário ter paciência para se recuperar, aceitar a longa convalescência. A quem poderia favorecer a re-

---

36 Ibid., pp. 265-6.
37 Ibid., pp. 256-7.
38 Ibid., p. 201.

belião, como imagina Jünger, que indica um baluarte interior, uma «terra selvagem» da interioridade? É melhor se deixar levar pelo niilismo, refugiar-se em sua manifestação, sem pretender limitá-lo. Porque cada barreira seria muito frágil, cada reação dobraria sua força. Desarmar o niilismo quer dizer ajudar sua aceleração, de modo que o nada libere toda a sua carga até acabar. Nenhuma fratura se abre «além da linha» que demarca o meridiano do niilismo. É impossível saltar a própria sombra. Heidegger não se ilude. O irreversível vórtice do niilismo, por causa da técnica e de sua engrenagem, poderá provocar catástrofes planetárias.[39] Porém é preciso ir além na sombria passagem dessa rígida noite polar.

Para Nietzsche, e ainda mais para Heidegger, o terrorista seria uma figura extrema da reação, existencial, ontológica, política. Porque não consegue resistir à força explosiva do nada, não se responsabiliza por si. Gostaria, ao contrário, de dominar aquela potência, decidindo por conta própria o lugar e o tempo da detonação. Mas, no fim, suas bombas são meras explosões de raiva violenta e impotente. O terrorista não é um niilista. Em vez disso, encontra-se no limite máximo, no qual a história parece agonizar, com a pretensão de cancelar seu fim, de «ex-terminá-lo». É melhor um fim aterrorizante do que um terror sem fim. Portanto, esse anjo exterminador da hipermodernidade atenta contra o nada que se repete, incendeia o eterno retorno. Tenta, em vão, rasgar a calota de aço com a qual o niilismo envolveu o mundo.

---

39 Cf. M. Heidegger, *La questione dell'essere*. In: JÜNGER, E.; HEIDEGGER, M. *Oltre la linea*. Milão: Adelphi, 1989. p. 122.

6. Por que defender os anarquistas

Não é, porém, a filosofia alemã que escreve os clássicos. Nascido da caneta de Turguêniev, que imortalizou as características no protagonista de seu romance *Pais e filhos*, publicado em 1862, o niilista por excelência é Bazárov, o jovem médico que nega os valores e a ordem social. Mais tarde, Turguêniev confessou que se inspirou em figuras reais de seu tempo e num comportamento que parecia se difundir. Para indicá-lo, então, cunhou o termo «niilista». É celebre a passagem em que o termo é esclarecido:

> — Niilista — disse Nicolau Pietróvitch — vem do latim, *nihil*, e significa «nada», segundo eu sei. Quer dizer que essa palavra se refere ao homem que... em nada crê ou nada reconhece?
>
> — Pode dizer: o homem que nada respeita — explicou Páviel Pietróvitch [...]
>
> — Aquele que tudo examina do ponto de vista crítico — sugeriu Arcádio.
>
> — Não é a mesma coisa? — perguntou Páviel Pietróvitch.
>
> — Não, não é o mesmo. O niilista é o homem que não se curva diante de nenhuma autoridade e que não admite como artigo de fé nenhum princípio, por maior respeito que mereça.[40]

---
40 I. S. Turguêniev, *Padri e figli*. In: _____. *Romanzi*. Milão: Mondadori, 1991. pp. 781-1009, p. 809.

Em pouco tempo o termo se difundiu com uma acepção pejorativa e, contra a intenção de Turguêniev, que em suas memórias se lamentou do acontecido, acabou se tornando um instrumento de delação e de condenação, uma «marca da infâmia».[41]

Pode-se dizer que «niilista» ocupou antes do tempo o lugar em seguida tomado pelo termo «terrorista», tornando-se sinônimo de «anarquista», visto que os anarquistas seriam aqueles seres sem princípio, sem *arché*, que rejeitam a autoridade, contestam o poder, negam os valores morais, exatamente como os niilistas.

Essa continuidade semântica é retomada por dois críticos literários: Nikolay A. Dobrolyubov e Dmitry I. Pisarev. Foi sobretudo este último que relançou o termo «niilista» e transformou Bazárov no modelo de todas as revoltas que vieram a seguir. A reivindicação do niilismo, que deveria ter agitado não apenas o mundo da política, mas também ter dado vida a novas formas de vida, encontrou seu manifesto no romance *O que fazer?*, de Nikolai Tchernichevski, publicado em 1863. Mortes prematuras, condenações e deportações marcaram o destino da *intelligentsia*, sem, porém, impedir que o niilismo russo continuasse e se propagasse. Até aquele momento, no entanto, tratava-se de um fenômeno puramente literário. Mais cedo ou mais tarde explodiria nas ruas.

Enquanto se preparava para agir e começava a série de atentados contra o czar, um personagem singular, Sergey Nechayev, comprovou a equação niilista = anarquista = terrorista com efeitos duradouros, quase permanentes. Proveniente da província de

---

41 Id., *Memorie letterarie*. Florença: Passigli, 1992. p. 198.

Vladimir, Nechayev estudou em São Petersburgo, onde se juntou a alguns protestos estudantis. Depois de fingir uma prisão e de fugir da Fortaleza de São Pedro e São Paulo, se refugiou na Suíça em 1869, apresentando-se a Bakunin como o expoente de um novo movimento político. Em tais circunstâncias é que foi escrito o célebre *Catecismo do revolucionário*, que tanta polêmica gerou por causa de seu possível autor: Nechayev ou Bakunin? A resposta fornecida por Michael Confino, o historiador que se debruçou por muito tempo sobre a complicada questão, é praticamente definitiva: Nechayev,[42] o que não exclui a influência de Bakunin, que inclusive valorizou o ensaio e ficou fascinado pelo autor.

O *Catecismo* é um prontuário do terrorista sem precedentes e um *unicum* não apenas por seu radicalismo. Naquelas linhas se condensam uma filosofia da destruição e uma ética do terror que substitui abertamente o «não matar» por um frio e implacável «deve matar». As rígidas regras que ali estão delineadas valem seja para a organização e seus membros, seja para o «revolucionário», cuja escolha de vida extrema não permite arrependimentos.

> O revolucionário é um homem perdido desde o início. Não tem interesses próprios. Negócios privados, sentimentos, relações pessoais, propriedade, nem mesmo um nome. É absorvido por um único interesse e exclui todos os outros, um único pensamento, uma única paixão — a revolução.

---

42 M. Confino, *Il catechismo del rivoluzionario*. Milão: Adelphi, 1976. p. 64.

Afastado de qualquer ligação com o «mundo civil», com suas leis, usos e costumes, o «revolucionário» continua vivendo *somente* «para destruí-lo». Detesta a moral, pois para ele «é moral tudo aquilo que contribui para o triunfo da revolução; imoral e criminoso tudo que representa um obstáculo». Conhece apenas a «ciência da destruição». Pronto para contar apenas consigo mesmo, para suportar até mesmo a tortura, «passa-se por aquilo que não é» com o objetivo de levar ao fim seu projeto. «Duro consigo mesmo, deve ser duro também com os outros.» Aspirando apenas à destruição, está «pronto para morrer e para destruir com as próprias mãos todos os obstáculos de seu objetivo».[43]

De volta à Rússia em 1869, onde fundou uma organização secreta que funcionou por um breve tempo, Nechayev matou o estudante Ivan Ivanov devido à simples oposição que fez aos seus métodos autoritários. Depois disso foi condenado não como «revolucionário», mas como um simples criminoso. O caso provocou grande comoção por causa da participação de Bakunin.

Sob forte influência de Hegel, que foi estudado durante sua estadia na Alemanha, Bakunin desenvolve uma filosofia política da «negação», na qual vê «o único alimento e a condição fundamental para toda vida viva».[44] Aqueles que rejeitam o negativo acabam escolhendo a rigidez da não vida, da morte. A contradição é a verdade que nasce do embate entre positivo e negativo. Seria um erro

---

43 Ibid., pp. 125-6.

44 F. Venturi, *Il populismo russo*, I. *Herzen, Bakunin, Černyševskij*. Turim: Einaudi, 1972. p. 85.

querer se livrar do negativo, vendo-o como o mal absoluto. Aliás, seria uma exclusão perigosa porque o negativo poderia se transformar num princípio independente, cujos efeitos seriam nocivos. Por sua vez, o negativo deve «destruir, absorver apaixonadamente o positivo». A negação é o princípio do renascimento. É por essa razão que, como ensina a arte, destruição e criação são inseparáveis. Isso não significa dizer que a revolução não será violenta, mas que não se tornará nunca «um frio e sistemático terrorismo». Será, sobretudo, uma «guerra contra as posições e contra as coisas, nunca contra os seres humanos».[45] Bakunin critica a ineficácia do terror: não foi a guilhotina que enfraqueceu o poder da aristocracia, mas sim o confisco de seus bens.

Portanto, a «destruição» de Bakunin se parece muito pouco com a forma paroxística de prototerrorismo representada por Nechayev que, de qualquer forma, continuou exercendo um papel central no imaginário das revoltas.[46]

7. Dostoiévski e o terrorista que mora em mim

A ligação entre terror e arte, e sobretudo entre terror e literatura, é muito maior do que se imagina. Para comprová-lo, apenas

---

45 K. Marx e M. Bakunin, *Socialisme autoritaire ou libertaire?*. Org. de G. Ribeill. Paris: Union générale d'éditions, 1985. 2 v., v. II, pp. 119-21.

46 Cf. U. Eisenzweig, *Fictions de l'anarchisme*. Paris: Bourgois, 2001. pp. 54 ss.

um nome é necessário: Dostoiévski. Talvez ninguém mais tenha ousado penetrar tão profundamente naquele «espírito inteligente e terrível, o espírito da autodestruição e do não ser».[47] Raskólnikov e o «anjo negro» Stavrogin, para não falar de Verchovenski — personagem inspirado em Nechayev — e também Ivan, o ateu dos *Karamazov*: os romances de Dostoiévski estão infestados de terroristas declarados, mas também de máscaras ambíguas, em que a radicalidade do bem — aquela do príncipe Míchkin — está sempre prestes a se tornar radicalidade do mal. Aliócha terrorista? Por que não? Isso fica demonstrado nos projetos de Dostoiévski e em suas anotações de trabalho, sobretudo as usadas para *Os demônios*.

Na Rússia, estava prestes a explodir a onda de atentados que, alimentada e organizada pela organização *Naródnaia Vólia* — «Vontade do Povo» —, atingiria seu ápice em 1881 com a morte do czar Alexandre II. Mas o ápice coincidiu com seu fim. A causa não foi a violenta repressão policial, e sim a ausência de uma insurreição. O atentado naufragou, mas a derrota política foi compensada por um excepcional sucesso literário.

Tal sucesso se deve em grande parte a Dostoiévski, que inclusive se sentiu tocado pessoalmente pelo caso de Nechayev. Em 1873, escreveu sobre o modo «doentio» como a imprensa tratava *os* Nechayev, como se fossem todos «idiotas e fanáticos» — no plural —, uma vez que o fenômeno ia além de um único indivíduo.

---

47 F. Dostoiévski, *I fratelli Karamazov*. In: _____. *Tutti i romanzi*. Florença: Sansoni, 1984. p. 845.

Por que deveriam ser considerados «fanáticos», por que «idiotas»? Dostoiévski rejeitava esses rótulos que reduziam e estigmatizavam o terrorismo, reduzindo-o a uma patologia.

> Sim, entre os Nechayev é possível encontrar alguns sujeitos sombrios, desolados e perturbados, com sede de intrigas e poder, com uma necessidade passional e morbidamente precoce de afirmar uma personalidade. Mas por que seriam «idiotas»? [...]. Eu mesmo fui um velho «nechayeviano», também estive na forca, condenado à morte.

Dostoiévski se refere a 22 de dezembro de 1849, quando ele e outros pertencentes a um círculo de ideias socialistas, depois de terem sido condenados à morte, foram levados até a praça dos Pioneiros, em São Petersburgo, onde esperaram por longos dez minutos pelo golpe mortal. Contudo, a execução foi suspensa e a pena, substituída por trabalhos forçados na Sibéria. Naquele breve lapso de tempo, revisando suas vidas ainda jovens, se arrependeram de algumas ações cometidas, mas não dos pensamentos pelos quais foram considerados culpados e que, naquele instante, pareciam até mesmo «purificantes, um martírio pelo qual seríamos muito perdoados». A seguir, se alguma coisa mudou foi a relação com o povo: agora buscavam uma união fraterna na desventura em comum.

O terrorista sou eu, o terrorista está em mim. Essa foi a mudança retumbante de Dostoiévski, que lhe valeu até mesmo o reconhecimento de Nietzsche, para quem aquele grande psicólogo, superando o míope moralismo, tinha a capacidade de observar o fundo do crime.[48] «O horrível», escrevia Dostoiévski, «é que entre nós seja possível cometer o ato mais vil e abominável, sem que se seja um canalha! Aliás, não é somente por essas partes, mas em todo o mundo.» E via essa possibilidade nas épocas de «transição» e de «transformação».[49]

O terrorismo, que Dostoiévski elevou a categoria do espírito, que introjetou, reivindicou e até mesmo quis para si, continua a incendiar e permear a literatura, de Tchekhov a Conrad, de Mirbeau a Chesterton, de Philip Roth a Don DeLillo. Um gesto extremo, um pensamento secreto, o último apoio, que, não podendo se propagar, busca seu respiro na literatura, no espaço da narrativa, para responder a todas as promessas desconsideradas pela modernidade sombria e pobre de espírito.

8. Terror e soberania. Sobre Lênin

Chegamos a Lênin, este grande admirador de Nechayev. Como falar de terror e terrorismo sem mencionar seu nome? O chamado «terror vermelho» deve ser atribuído a ele, a Trótski ou a Stálin? Nome de uma revolução traída, iniciada pela insurreição,

---

48 Cf. F. Nietzsche, *Il crepuscolo degli idoli*. In: COLLI, G.; MONTINARI, M. (Orgs.). *Opere*. Milão: Adelphi, 1964. v. VI, t. III, p. 117, § 45.

49 F. Dostoiévski, *Una delle falsità contemporanee*. In: _____. *Diario di uno scrittore*. Milão: Bompiani, 2007. pp. 190-9.

amadurecida como uma onda durante a guerra civil, e naufragada depois pela polícia política e pela depuração, pelos massacres e pelos *gulagui*. A questão está na passagem da ação «terrorista» ao poder do Estado. Passagem decisiva que, no amanhecer do século XX, não apenas joga luz sobre novos eventos críticos, mas também expõe a ligação entre o terrorismo que vem de baixo e o terrorismo que vem do alto.

O que Lênin pensa, então, sobre o terrorismo? Não lhe dedica nenhum romantismo, ternura ou escrúpulo moral, e muito menos amadorismo político. Lênin toma medidas drásticas e se distancia da *Naródnaia Vólia*, daquele passado semianárquico que, contra sua vontade, já havia indiretamente marcado sua biografia. Seu irmão mais velho, Alexandre Ulyanov, foi preso com outros estudantes antes do atentado contra o czar Alexandre II na avenida Nevsky, em São Petersburgo. Durante o processo, Ulyanov assumiu todas as responsabilidades e para a *intelligentsia* reivindicou o direito ao terrorismo. Foi enforcado no dia 20 de maio de 1887.

Para Vladimir, seu irmão mais novo, a ação terrorista não tem valor em si e deve ser friamente considerada num contexto pragmático. No breve ensaio *La Guerra Partigiana* [A guerra partisan], publicado em 1906 e destinado a se tornar um dos grandes clássicos revolucionários, Lênin distingue entre a guerra aventureira, a insurreição por meio da velha tática falida de ações isoladas e a guerra contra os inimigos que oprimem o povo. Apenas esta última é revolucionária, pois não se destina a uma ação nacionalista e, superando as fronteiras e ultrapassando os limites nacionais, se abre finalmente para um horizonte internacionalista.

Quanto aos meios para a luta, Lênin não rejeita nenhum: a destruição é indispensável. Pelo menos nesse ponto, Lênin mantém uma continuidade. Na *Carta aos operários dos Estados Unidos*, de 20 de agosto de 1918, ele se defende contra as acusações de terrorismo e reafirma que, «em época de revolução, a luta de classes tomou sempre e em todos os países, inevitável e necessariamente, a forma da *guerra civil*, e a guerra civil é inconcebível sem as mais pesadas destruições, sem o terrorismo». A burguesia acusa os revolucionários de «terrorismo» porque quer se esquecer daquele «terror» que a levou ao poder.

> Seus servidores acusam-nos de terror... Os burgueses ingleses esqueceram seu 1649, os franceses seu 1793. O terror era justo e legítimo quando era empregado pela burguesia em seu proveito, contra os feudais. O terror se tornou monstruoso e criminoso quando os operários e os camponeses pobres se atreveram a empregá-lo contra a burguesia! O terror foi justo e legítimo quando era empregado no interesse da substituição de uma minoria exploradora por outra minoria exploradora. O terror se tornou monstruoso e criminoso quando passou a ser empregado no interesse do derrubamento de *todas* as minorias exploradoras, no interesse de uma maioria verdadeiramente enorme, no interesse do proletariado e do semiproletariado, da classe operária e do campesinato pobre![50]

---

50 V. I. Lênin, «Lettera agli operai americani» [*Pravda*, n. 178, 22 ago. 1918]. In: _____. *Opere complete*. Roma: Edizioni Rinascita-Editori Riuniti, 1954-1970. v. XXVIII (jul. 1918-mar. 1919), pp. 71-72.

É impossível não dar razão a Lênin: se uma classe legitimou o terror na história, não pode voltar atrás. Contudo, é importante ressaltar o novo modo como Lênin considera o terrorismo, que não é um conceito geral, mas que, de tempos em tempos, assume diferentes sentido e significados. O «terrorismo» é dito de vários modos. Naquele período, porém, Lênin é criticado justamente pelo recurso ao terror, no qual alguns viam uma recaída no anarquismo do século que acabara de terminar. Segundo Lênin, porém, as situações históricas são bem diferentes, uma vez que os protagonistas já não são alguns poucos conspiradores, mas os operários. No entanto, não se podem fechar os olhos: terrorismo e guerra partisan são atividades transitórias que servem de ato preliminar para a insurreição. Ao contrário da crença comum, Lênin não crê que o terrorismo seja suficientemente eficaz. Mais de uma vez comenta sobre a impotência de tal ato. A grande ausente é a insurreição, da qual o terrorismo é o suplemento temporário. Trata-se da passagem do ato espontâneo à ação revolucionária, da guerra partisan local à guerra civil generalizada.

Uma vez iniciada a insurreição, uma vez que a revolução toma conta do palco da história, a guerra partisan, mais tarde exportada com o nome de «guerrilha», deve ser deixada de lado, pois pode se tornar sediciosa. O terror deve ser assimilado à prática e à estratégia do poder revolucionário, transformando-se em «terror de massa». A partir desse momento, todo ato terrorista individual é acusado de ser contrarrevolucionário. A revolução ainda é muito frágil e o terror é imposto pelo momento histórico. Mais uma vez, e sem remorso, trata-se de escolher entre as diferentes cores do terror: ou o terror negro, que pode se tornar branco, ou o «terror vermelho», que leva em si a promessa da libertação.

Dessa escolha à criação da polícia política — instituída no dia 10 de novembro de 1917 —, o passo é curto. Os sabotadores de um tempo se opõem a qualquer forma de sabotagem; a expulsão se torna praxe, a ditadura se faz necessária. Isso já tinha sido antecipado pelos sovietes, organizações que não reconheciam outros poderes nem outras leis. A ditadura é esse poder ilimitado. Assim como existem várias violências, existem várias ditaduras: a proletária emana do povo e é exercida pelo povo. Por quanto tempo? Até quando o terror escreverá a história antes de ceder a palavra à libertação? A democracia está à espera...

Lênin reafirma com vigor que a passagem do capitalismo ao socialismo não é possível «sem restrições e sem ditadura». A fraqueza da classe revolucionária torna indispensável um Estado ditatorial. Seria um «absurdo anárquico» sonhar em renunciar a essa restrição estatal.[51] No poder concentrado e ilimitado se expõe uma soberania absoluta, que pode se desligar das próprias leis e dos próprios vínculos. A ditadura entendida como poder ilimitado é essa soberania levada ao extremo. Dominam aqui a força e uma política da força. Trata-se de apagar o horror sem fim da sociedade capitalista, lutando contra aquele fim cheio de horror que é a guerra mundial, a mais violenta, a mais reacionária. Isso

---

51 Id., *I compiti immediati del potere sovietico* [*Pravda*, n. 83, *Izvestia* n. 85, mar.-abr. 1918]. In: _____. *Opere complete*. Roma: Edizioni Rinascita-Editori Riuniti, 1954-1970. v. XXVII, pp. 211-49, pp. 236-7.

não significa abandonar as armas, mas combater a única guerra revolucionária — aquela para eliminar a exploração. Lênin é um déspota? Seria justo falar de tirania liberticida ou talvez recorrer ao rótulo habitual do terrorismo?

A questão é muito diferente. Sobretudo porque o «terror de massa», que surge da ação terrorista, não é um expediente, uma estratégia, mas sim a realização daquilo que os primeiros atentados já tinham como objetivo: a soberania. E talvez nunca, como nesse ponto, fique tão explícita a relação próxima entre terror e soberania. A ditadura fundada por Lênin, para usar o vocabulário de Carl Schmitt, não é uma «ditadura comissária», não suspende o poder temporariamente, mas é para todos os efeitos uma «ditadura soberana».[52] Embora Lênin, no início, busque abertamente uma relação com a Revolução Francesa e procure seguir seu modelo para se apresentar como seu herdeiro, quando se faz uma análise profunda ele nega parcialmente essa hereditariedade. A revolução leninista toma o caminho oposto, transformando o terror numa política estatal, ou hiperestatal. Um divisor de águas é a diferença entre a guerra partisan, que leva a pressagiar um novo capítulo na história, e a ditadura soberana que o conclui antes do tempo.

Talvez aqui esteja a diferença mais relevante em relação ao pensamento anárquico, que não preenche o vazio com um novo líder e, diante do abismo de soberania, não edifica uma nova e po-

---

[52] C. Schmitt, *La dittatura: Dalle origini dell'idea moderna di sovranità alla lotta di classe proletaria*. Roma-Bari: Laterza, 1976. pp. 136-7.

tente soberania, mas, ao contrário, deixa emergir o abismo, permite a sobrevivência daquele fundo abissal. Uma política sem terror é aquela que se abre e se desdobra em torno de uma soberania quebrada, sem fundo.

9. «Era uma vez a revolução»

Chama-se *Quando explode a vingança*[53] o filme de Sergio Leone que foi lançado na Itália em 1972, um período entre os sonhos de 1968, que continuavam irrealizados, e os confrontos de 1977, que marcariam uma escalada da violência. As Brigadas Vermelhas já haviam convocado a «propaganda armada». Naquele período marcado pela tensão, o diretor escolhera o nome eloquente de *Era uma vez a revolução* para se referir polemicamente no passado àquele evento esperado para o futuro imediato. Leone depois teve de ceder a uma solução comprometida com a produção, que impôs como título uma piada feita no filme.

«Abaixe a cabeça!» — quem lança o aviso, para advertir sobre a explosão de uma carga de dinamite, é o protagonista da história, um ex-combatente do IRA (Exército Republicano Irlandês) que deixou para trás a Irlanda e também seu nome, Sean. No México, onde fornece assistência para a revolução, é conhecido por John

---
53 O nome original em italiano é *Giù la testa*, cuja tradução em português é «abaixe a cabeça». (N. do T.)

Mallory. Contudo, seu antigo nome é continuamente enunciado, como um refrão, na trilha sonora de Ennio Morricone: «Sean, Sean» — e nesse ínterim fluem as imagens indeléveis de sua vida passada. A militância revolucionária, a amizade, o amor, a alegria, a esperança orgulhosa e serena. Mas de repente as cores do filme se tornam opacas e turvas, as figuras ficam embaçadas. Sean está sentado num pub quando de súbito entra seu melhor amigo, nas mãos de dois militares; em sua cara, as marcas da tortura. Um aceno de rosto o denuncia. Sean já tem em mãos sua metralhadora, está pronto para atirar. São poucos instantes que, com um jogo de espelhos, marcam o ápice do flashback. O amigo move mais uma vez, imperceptivelmente, a cabeça, com o olhar dirigido a ele, como quem diz: «Sim, pode me matar». Sean fecha seu passado revolucionário com uma chuva de balas.

O que sobra? «Quando comecei a usar a dinamite, eu também acreditava em várias coisas... em todas, e terminei por acreditar somente na dinamite.» Essa é a resposta que John dá a Juan Miranda, o peão e bandido que, com os membros de sua numerosa família, atacou uma carroça. Juan não se interessava minimamente pela revolução. «Revolução? Revolução? Por favor, não venha você me falar sobre revolução. Eu sei muito bem o que são e como começam.» É disso que se trata: «Os que leem os livros dizem aos pobres que chegou o momento de mudar tudo». No fim, porém, os pobres morrem por nada. «Nada... tudo volta a ser como antes!» Figuras especulares, John e Juan estão destinados a trocar de papel: com seu explosivo, o guerrilheiro abre o caminho ao pequeno fora da lei que, abalado pelos eventos revolucionários, depois de perder todos os filhos, saberá assumir o trabalho que a história designou a ele. É a necessidade do momento que o proclama general, apesar de ir contra sua vontade.

O dr. Villega é uma figura dedicada à causa política. Ao contrário de John e Juan, o líder revolucionário é um crente — ou melhor, é sustentado por uma fé ideológica indestrutível. Olha diretamente para um novo mundo e não entende nada de misturas explosivas. Não é tocado pela destruição, e no fundo, nem pela morte. Portanto, quando é capturado e torturado, consegue entregar os nomes de seus companheiros e depois voltar a servir à causa, como se nada tivesse acontecido. É representante da revolução a todo custo, aquela total e paralisante, que passa sobre os cadáveres. Arrependido por sua traição, Villega morre na locomotiva que vai, como uma arma, em direção ao comboio dos soldados.

Três personagens, três diferentes maneiras de interpretar a revolução, três supostos terroristas. Talvez combinando o pior de cada um dos três — destruição, criminalidade, fé cega — pudéssemos encontrar a imagem banalizada do terrorista que, no filme, é mostrada sob um prisma multifacetado e desordenado. Era uma vez a revolução — talvez, quem sabe, no México de 1913. O filme é lançado nos cinemas italianos no início dos anos 1970 e começa com uma citação do *Livro vermelho* de Mao Tsé-Tung:

> A revolução não é um almoço de gala, não é uma festa literária, não é um desenho ou um bordado, não pode ser feita com elegância, com serenidade e delicadeza, com graça e cortesia. A revolução é um ato de violência.

Vindo da Europa, Sean sabe muito bem disso. Ao contrário dos outros dois, ou seja, do que nunca acreditou e do que crê excessivamente, John não acredita mais na revolução. Todavia, a melancolia pela revolução perdida, abandonada nas costas irlandesas, não o impede de participar de outras revoluções. Dessa vez, porém, só com a dinamite, pois acredita apenas no poder da dinamite e em seu efeito deflagrante. Mesmo tendo sofrido por causa da destruição — e as palavras de Mao revelam aqui todo o seu sentido —, continua fiel ao poder da destruição. Por essa razão, dedica seu conhecimento à revolta dos outros; claro, não uma revolta qualquer. Já não pode ser protagonista — esse papel é deixado para Juan —, uma vez que da revolução conservou apenas seu lado noturno, seu fragmento negativo. Sabe, porém, acender o pavio, misturar a pólvora negra, conectar os fios, ajustar o detonador. Cada explosão abre para a possibilidade de uma revolução. «Pavio curto…», comenta numa sequência decisiva. No fundo, é um pioneiro da passagem para a ação; abre caminho e talvez haja um Juan para avançar. Mas com uma diferença importante em relação às táticas utilizadas pela Brigada Vermelha ou pela RAF: Sean tem a consciência de que aquele explosivo, no qual encontrou refúgio com sua fé, não é nada mais que um potencial de libertação destinado a sumir no nada se não for seguido pela insurreição. Porque não são os homens que guiam a revolução, é a revolução que guia os homens. Na cena final do filme, acendendo a dinamite que carrega sempre consigo, John se explode com um último cigarro.

10. O partisan, o guerrilheiro, o terrorista

Para compreender o papel do terrorista no cenário político global é necessário remontar às figuras dos combatentes que vieram antes dele. Qual é a afinidade que liga um membro da Al-Qaeda a um partisan que luta para defender seu país?

A resposta é fornecida por Schmitt, o reacionário que, com perspicácia, percebeu muitas virtualidades de sua época. A política não deve ser circunscrita ao Estado nem pode ser confundida com a administração, ou ligada imediatamente ao poder. Ao contrário, o âmbito político se manifesta pela distinção entre amigo e inimigo. Trata-se de uma distinção que, mesmo análoga àquela entre o bom e o mau para a moral, o bonito e o feio para a estética, mantém sua própria autonomia. Mesmo que fosse bonito e feio, o inimigo seria o mesmo. Entende-se, portanto, por que o mandamento evangélico «amai vossos inimigos» (Mt 5,44; Lc 6,27) tem valor somente para a esfera privada e o inimigo seja sempre público. O exemplo adotado por Schmitt em 1932 é particularmente eloquente: «Na luta milenar entre a cristandade e o islã, um cristão nunca pensou que se devesse ceder a Europa».[54]

A distinção entre amigo e inimigo deve ser uma contraposição extrema e intensa, com profundidade existencial. A política se desenvolve ao longo da trincheira da vida, próxima da morte, em que a ameaça é premente e o sacrifício se impõe. Aqui a guerra é

---

54 C. Schmitt, «Il concetto di 'politico'». In: _____. *Le categorie del «politico»*. Bolonha: il Mulino, 2012. p. 112.

ao mesmo tempo pressuposto e o último horizonte. Não é apenas a realização final das hostilidades — porque leva à morte física do inimigo, à aniquilação do outro. Melhor dizendo, é a revelação violenta da política, seu apocalipse.

Anos mais tarde, em 1963, Schmitt aprofundou e atualizou seu conceito de «político» quando publicou *O conceito do político*: *Teoria do partisan*. Reconhecia assim o novo e precário equilíbrio do mundo, atravessado de um lado pelos conflitos que a Segunda Guerra Mundial não havia reduzido, do outro permeado por uma radicalização que parecia se tornar absoluta. Sua atenção se concentrou sobre a figura do partisan, que não apenas parecia ter saído vencedor, mas continuava ainda firmemente presente na paisagem política, comprometendo sua ordem e seus princípios.

O partisan é o combatente irregular. Schmitt situa seu surgimento no amanhecer da modernidade, quando o exército de Napoleão, animado pelas experiências da Revolução Francesa, invadiu a Espanha. Entre 1808 e 1813, o povo espanhol se empenhou numa luta combatida, num território cada vez menor, por *guerrilleros*, grupos irregulares que, sem esperança, arriscaram tudo ou nada. Na Prússia invadida pelos franceses, ao contrário da Espanha, a faísca da guerrilha não brotou. No entanto, foi em Berlim que o partisan conseguiu suas credenciais filosóficas e foi legitimado. A partir desse momento, surgiu uma teoria política do partisan.

Figura aparentemente marginal, que se encontra fora de qualquer delimitação, o partisan mina o direito da guerra clássico que prevê distinções nítidas: entre guerra e paz, combatentes e não combatentes, inimigo e criminoso comum. Na visão linear, seguida por esse direito, a guerra é um duelo entre Estados soberanos que se respeitam como inimigos e não se criminalizam mutuamente. Graças a uma hostilidade circunscrita e definida, torna-se óbvia, independentemente de vencidos e vencedores, uma conclusão pacífica. Analisando em retrospectiva, poderia ser considerado um resultado extraordinário aquele duelo que, não sem esforços, limitou a inimizade absoluta.

Para Schmitt, o partisan prejudica a única guerra legal, aquela entre os Estados, portanto é um combatente irregular que luta na ilegalidade. Ele não pode reivindicar nem piedade nem direito por parte do inimigo. Isso não significa dizer que o partisan não consiga justificar sua «pequena guerra», mostrando que não é um ato criminoso, mas um confronto necessário para atingir um fim político. Se é alguém que resiste e participa da libertação contra o opressor, como aconteceu nas guerras anticoloniais, pode até mesmo reivindicar, em nome de sua luta legítima, uma legalidade que vai além da do Estado contra quem milita. É por isso que o partisan pode ser considerado contemporaneamente legal e irregular.

Schmitt evidencia as dificuldades do direito internacional clássico, obrigado a legalizar o que é ilegal. Do Regulamento de Haia de 1907 à Convenção de Genebra, de 1949, tentam-se oferecer garantias jurídicas aos combatentes irregulares, sobretudo quando são feitos prisioneiros pelos inimigos. Enquanto nos processos de Nuremberg o partisan poderia ser considerado um «bandido», ou um criminoso comum, depois da Segunda Guerra Mundial os corpos de voluntários e os movimentos de resistência são equiparados aos combatentes regulares. Desse modo, porém, as rédeas do direito internacional se afrouxam pouco a pouco, e se mantém a contradição destinada a causar uma profunda fenda no *jus publicum Europaeum:* de um lado a intenção de tirar o partisan da ilegalidade, do outro a exigência de não comprometer o direito para atingir tal objetivo. Para Schmitt, tal contradição marca a ruptura com a ordem militar. A antítese entre guerra regular e combate irregular persiste mesmo depois que o partisan foi absorvido pela normalidade jurídica. Outras variações, mais disruptivas e radicais, entrarão no cenário mundial, levando às extremas consequências o cancelamento dos limites e a dissolução do direito.

Mais do que definir o partisan, Schmitt traça uma fenomenologia, estabelecendo quatro características. Além de um combatente irregular, o «partisan», como indica o nome, simpatiza com um lado, toma partido e faz de um partido sua causa — segue sua linha. Sua luta é marcada pelo empenho político. Mobilidade, rapidez e ataques surpresa fazem parte de suas táticas. Apesar disso, está sempre vinculado ao próprio território e tem por atribuição uma posição defensiva. Esse «caráter *telúrico*» é decisivo para Schmitt.[55] O partisan enfrenta um inimigo «real», aliás, um invasor, e luta para proteger a faixa de terra onde se assentam suas raízes. Não ataca um território estrangeiro, não ultrapassa fronteiras. Esse é o selo nacional — se não nacionalista — de sua batalha. No fundo, Schmitt faz uma análise nostálgica e simpática dessa figura, «uma das últimas sentinelas da terra», destinada a sucumbir.[56]

---

55 Id., *Teoria del partigiano: Integrazione al concetto del politico.* Milão: Adelphi, 2012. p. 32.

56 Ibid., p. 99.

As coisas mudam quando, por causa das transformações introduzidas pela técnica moderna, o partisan se dedica ao ilimitado. A partir de então, enquanto se reduz a ligação com o território, reforça-se a união com o partido. Sem que seja completamente superada, a luta partisan nacional é substituída pela revolução mundial. O combatente autóctone é tragado pela engrenagem das forças técnico-industriais. A motorização apaga progressivamente seu aspecto telúrico, aumenta sua velocidade e sua mobilidade e o lança naquela máquina descontrolada, naquele bosque profundo e nebuloso, bem além do palco tradicional, onde se combate contra o inimigo de classe.

Chegou o momento do guerrilheiro, cujo campo de ação é o mundo inteiro. Como não pensar em Che Guevara, na audácia e na fé que o levaram a Cuba, à África e por fim à Bolívia? O *guerrillero*, um «combatente noturno», como Che explica em seu livro *A guerra de guerrilhas*, escrito em 1959 e publicado no ano seguinte em Havana, se encontra na vanguarda da libertação.[57] Esse «jesuíta da guerra» é ainda um partisan, mas de um tipo novo. Tolhido do território, desvinculado da nação, dedica-se a um empenho político de escala internacional. Seu objetivo é a revolução comunista em todos os países do mundo.

Schmitt não faz uma distinção clara entre esses dois tipos de partisans. Quando indica o segundo tipo não fala de guerrilheiro, mas de «ativista revolucionário». Acusa-o de «inimizade absolu-

---

57 E. Che Guevara, *La guerra di guerriglia*. Milão: Baldini&Castoldi, 1996. p. 49.

ta»[58] e vê em Lênin seu verdadeiro teórico. Marx e Engels ainda eram muito pensadores. Apenas o «revolucionário por profissão» poderia ser capaz de legitimar a figura do partisan graças à arma mais perigosa, a da filosofia. O partisan assume, portanto, um papel determinante na história do mundo que corre em direção à libertação final dos povos.

«De Clausewitz a Lênin»: é essa a característica que separa, para Schmitt, as guerras entre Estados da guerra revolucionária. Lênin compreendeu as potencialidades que se escondiam em quem havia combatido na guerra civil nacional — uma forma sempre inquietante e ameaçadora de conflito bélico — e internacionalizou o partisan. Dessa forma conseguiu começar uma guerra civil mundial.

Isso não significa que, mesmo depois de Lênin, não tenha existido combinação entre a guerra partisan autóctone e a internacional. O próprio Stálin reviveu o mito da luta nacional. Exemplos análogos foram as guerras conduzidas por Ho Chi Minh no Vietnã, Fidel Castro em Cuba e Mao Tsé-Tung na China.

Da aliança da filosofia com a insurreição nasce a figura do partisan revolucionário — ou melhor, do guerrilheiro —, que já não combate um «verdadeiro» inimigo, mas um inimigo «absoluto». Esse «irregular» por excelência não conhece limites e encontra a própria legitimidade na negação da ordem existente e na luta política levada às últimas consequências. Se na guerra clássica o revolucionário representava um papel marginal, na guerra civil mundial ele se torna figura-chave da história.

---

58 C. Schmitt, *Teoria del partigiano*, op. cit., pp. 74, 124.

É praticamente inútil dizer que a visão de Schmitt é reacionária. O juízo lisonjeiro feito ao partisan autóctone é seguido de um juízo drástico — que mostra traços de animosidade — sobre o guerrilheiro. Enquanto o primeiro defende o solo pátrio, protege a casa contra o invasor, enfrenta legalmente um inimigo verdadeiro, o segundo invade e ataca a terra alheia, põe em risco a divisão da terra e a soberania dos Estados, agride a lei, criminaliza o inimigo e acaba por ser também criminalizado, inaugurando assim a hostilidade entre as classes. Quem foi privado de qualquer direito busca o direito na inimizade, e essa inimizade é concreta e absoluta porque não pode ser relativizada nem contida em certos limites. Em qualquer lugar do mundo, sob qualquer céu, o revolucionário lutará contra o capitalista ocidental, seu adversário de classe. Surge aqui a guerra absoluta porque é a inimizade que determina o tipo de guerra, e não vice-versa.

Esse retrato do revolucionário, cuja agressividade é enfatizada, é tendencioso e carregado de rancor e ressentimento. É possível rebatê-lo facilmente afirmando, ao contrário, a abnegação do guerrilheiro que está pronto para sacrificar a própria vida em prol de mais justiça para os outros. Schmitt escreve em plena Guerra Fria, período no qual, como ele diz, a inimizade absoluta foi reduzida e atenuada apenas provisoriamente. No entanto, seu diagnóstico acerta o alvo, sobretudo quando aponta o dedo contra a radicalização da inimizade e identifica no revolucionário a figura-chave na época do ilimitado.

Contudo, é impossível deixar de mencionar uma contradição encontrada em Schmitt. Por um lado, ele vê o revolucionário como protagonista indiscutível, o sujeito responsável pela guerra civil mundial; por outro, este seria um «instrumento» da tecnologia moderna, indicando na motorização a causa de sua inédita mobilidade planetária. Entre as duas versões, no fim parece prevalecer a segunda, sobretudo quando, depois de constatar a transformação do guerrilheiro, que — inserido no contexto dos dispositivos industriais — se torna um técnico do combate clandestino, Schmitt comenta, com tons premonitórios e quase proféticos, sobre um novo tipo de combatente irregular que surge no horizonte: o terrorista.

Schmitt vê emergirem o terror e o terrível círculo vicioso que traz consigo no imenso e incontrolável turbilhão provocado pelo vórtice abissal da técnica. Ao terror se responde com terror, numa espiral que deixa em segundo plano a irregularidade de sua forma mais inquietante e a hostilidade levada ao extremo. O espaço aberto do terror é o de uma nova ordem mundial, na qual bastam «poucos terroristas» para deflagrá-lo. Bombas plásticas, radares e redes informáticas desenham o novo ambiente em que se move o terrorista. Schmitt se pergunta sobre os efeitos futuros da penetração da técnica. O que se tornará o combatente irregular na época dos meios de destruição em massa? Para quem faz cálculos em termos técnicos, trata-se de uma questão de «polícia», mas para Schmitt a questão, mantendo seu significado jurídico e político, é de cunho eminentemente filosófico.

Num cenário que assume dimensões planetárias e interplanetárias, Schmitt chega até mesmo a preconizar um combatente capaz de se adaptar ao frenesi técnico, um «cosmopartisan», com o qual se abriria um novo capítulo mundial da história da destruição.

Na época do terror planetário é possível que, por causa do abismo da criminalização no qual um empurra o outro, a inimizade absoluta abra caminho para aquela destruição à qual estão destinadas todas as formas indignas de existir.

O perigo não se encontra nem nas formas de aniquilação nem na maldade humana. Ao contrário, Schmitt o vislumbra na «inevitabilidade de uma obrigação moral».[59] É como se, para manter a humanidade e não se passar por monstros, fosse necessário desumanizar os outros. Desse modo, a lógica do terror manifestaria toda a sua força devastadora.

Schmitt não poderia saber que essa obrigação assumiria um caráter religioso. O direito público europeu surgiu das cinzas das guerras de religião e ninguém poderia imaginar que, sob as brasas que não se apagaram, ainda ardia uma chama que se acenderia em pouco tempo, oferecendo à inimizade uma intensidade extrema. Se sua perspectiva é veteroeuropeia, mesmo Schmitt, de frente para a janela do futuro, mostra uma rara visão do amanhã e oferece linhas interpretativas com as quais se pode refletir sobre a figura do terrorista.

---

59 Ibid., p. 130.

Capítulo 3
JIHADISMO E MODERNIDADE

*Agora, Senhor, toma a minha alma, porque me é melhor
a morte que a vida. O Senhor respondeu-lhe: (julgas
que) tens razão para te afligires assim?*

Jonas 4,3-4

*Porém, se teu Senhor tivesse querido, aqueles que estão
na terra teriam acreditado unanimemente. Poderias
compelir os humanos a que fossem fiéis?*

Surata 10 «Yunus» — Jonas 99

1. Radicalização

No irregular cenário global, muitas vezes a negatividade assume a forma da radicalização. No exato momento em que o mundo está se aproximando do zênite de sua abertura, paradoxalmente surge o perigo mais inesperado e inexorável. Na palavra «radicalização», que invadiu o espaço público, está contida a carga explosiva e a gênese do terror que está por vir. Forças de segurança e serviços de inteligência, seguindo os critérios de uma inédita semiologia da radicalização e um alegado conhecimento circunstanciado da destrutividade, tentam se insinuar de modo telemático nessa antecâmara do terror para interceptar seus sinais premonitórios, para vigiar o nascimento de um novo tipo humano, o «radicalizado», também definido como *born again*.

Enquanto muitos conceitos soltos e dispersos — como extremismo, fundamentalismo, integralismo e fanatismo — parecem encontrar lugar no vasto campo da radicalidade, é mais difícil estabelecer uma ligação precisa entre terrorismo e radicalização. Visto que a convergência é incontestável, os dois termos poderiam parecer sinônimos. Mas, como explicou Farhad Khosrokhavar, a diferença está na perspectiva, em alguns casos oposta e especular.[1] A pesquisa sobre o terrorismo direciona o olhar para a ação violenta: de um lado, sobre os meios técnicos que a permitem e, variando na história, a modificam, e sobre o dispositivo da técnica que manobra o terror; do outro mergulha nos efeitos devastadores, nas tragédias e nos massacres produzidos. A radicalização, ao contrário, foca o olhar no autor, em sua história, nos motivos da ação, nas escolhas que, dentro do complexo jogo de espelhos no qual se desenrola a relação com o mundo, delinearam sua trajetória individual, no fim último que o levou à violência — antes da passagem para a ação.

Trata-se, portanto, de uma pesquisa complementar, de um estudo psicopolítico que tem pelo menos duas vantagens. A primeira é lançar a pergunta decisiva, de outro modo deixada de lado, sobre o «porquê» da ação. Por que aquele atentado? Por que atingir

---

[1] Cf. F. Khosrokhavar, *Radicalisation*. Paris: Éditions de la Maison des Sciences de l'Homme, 2014. p. 17.

pessoas desamparadas? O que levou o terrorista a agir até o ponto de aniquilar não apenas a vida dos outros, mas também a sua? Pode-se falar apressadamente de um «delírio fanático», «loucura homicida», «terror cego», como acontece no fluxo frenético das notícias. A alternativa a essas respostas cômodas, que reduzem o fenômeno a uma patologia, está no caminho aberto pelos grandes diagnósticos sobre a modernidade que, partindo de Dostoiévski e Nietzsche, não se renderam ao juízo moral do crime, mas tentaram compreendê-lo, sem com isso justificar os motivos e impulsos escondidos e muitas vezes inconfessáveis. Isso significa não apenas imergir nas sombras da psique, mas também reconhecer que o terrorista se encontra na esfera humana, ligado aos outros humanos por um fio, escabroso e embaraçoso, que ninguém pode partir e que se torna, de fato, a chance para sondar o abismo da humanidade na época do terror global.

A segunda vantagem oferecida pela perspectiva da radicalização é a de interrogar sobre os fins políticos que a atenção aos meios tende a deixar de lado ou ocultar, endossando a ideia difundida do nada buscado pelos terroristas de hoje, os atuais niilistas. Isso vale ainda mais quando os fins fogem aos cânones da política tradicional, quando atravessam as fronteiras, superam o *nómos* da terra, se revelam ultrapolíticos ou até mesmo extramundanos.

O termo «radicalização», com todos os seus anexos e derivados, dentre os quais o mais recente «radicalizar-se», refere-se ao latim tardio *radicale(m)* e, mais além, a *radix*, raiz. Nesse sentido, radicalização designa seja o próprio processo pelo qual o indivíduo chegou à radicalidade, seja o êxito, isto é, seu ser radicalizado.

A radicalização é dita de muitas maneiras — no presente e no passado —, por isso Khosrokhavar aplica o conceito num estudo retrospectivo, em particular sobre as organizações europeias de extrema esquerda, da RAF na Alemanha às Brigadas Vermelhas na Itália, passando pela «Ação Direta» na França. Mais uma vez, é importante ressaltar que as comparações, se de um lado trazem à tona aspectos iluminantes, de outro levam frequentemente a simplificações.

Em outros tempos ignorada, a novidade da era global é que a radicalização é compreendida em grande medida como enraizamento. O desejo de radicalidade se cumpre graças a um regresso às raízes. O extremo, que antes era a meta, já não é suficiente. É necessário um extremo que nasça das profundezas, puro e inabalável, de uma raiz. Dessa maneira é reativada a potente metáfora icástica da raiz, que na Antiguidade, simbolizada pela árvore, indica a origem. Além disso, é impossível não recordar que o tema das raízes perdidas, do desarraigamento dramático e quase irreparável ao qual a existência humana no universo planetário está entregue, agita quase toda a filosofia do último século, começando pelas reflexões paralelas de Franz Rosenzweig e Martin Heidegger. O que será daqueles que foram retirados para sempre da terra cujas fibras pareciam amarrá-los? Na peregrinação hebraica se vislumbra o exílio de todos, no desconforto de um «destino mundial».[2] Nesse

....

2 M. Heidegger, «Lettera sull'"umanismo"». In: _____. *Segnavia*. Milão: Adelphi, 1987. pp. 267-316, p. 292. Cf. também D. Di Cesare, «Esilio e globalizzazione». *Iride*, 54 (2008), pp. 273-86.

ponto se reconhece a marca deixada pela idade da técnica, o sinal da globalização incipiente.

A busca pela raiz perdida é uma reação ao desconforto percebido como um destino injusto e inaceitável. Essa é também a resposta ao sofrimento que o radicalizado sente diante do insustentável peso do nada. O radicalizado não é um niilista. O «não», que transmite o vento impetuoso da negatividade, é uma resposta reacionária à globalização, cujos dois êxitos opostos são a tentativa prepotente de se enraizar na terra, ou então, onde prevaleceu a diáspora, a busca pelo enraizamento no céu. No primeiro caso se encontra a extrema direita, conforme já demonstrado em suas numerosas ramificações, que busca defender mais o próprio solo do que o sangue, e à qual podemos atribuir atentados como o de Anders Breivik em Utoya, na Noruega, no dia 22 de julho de 2011. Do segundo êxito faz parte o radicalismo islâmico, que ocupa a posição indiscutível de principal protagonista do cenário atual, a ponto de, de acordo com o vocabulário dos meios de comunicação, radicalização equivaler a islamismo.

Isso se deve não apenas ao impacto que os atentados de matriz islâmica produziram sobre a opinião pública ocidental, mas também à estranheza de um terror que faz referência ao céu, que usa o nome de Deus nas tarefas mundanas da política, que desafia o progresso com seus aspectos neoarcaicos, que escolhe formas de luta extremas — como o martírio —, repugnantes para a razão. A estranheza se torna, então, estraneidade plena e conclamada, embora o terrorismo possa ser *homegrown*, ou seja, possa ter origem interna. Por outro lado, porém, deve-se reconhecer a islamização da revolta radical. Não há dúvida de que o radicalismo islâmico ocupou, pelo menos em parte, o lugar que no passado teriam ocupado outras ideologias de salvação ou outros projetos de futuro. Sinal dos tempos — ou talvez algo mais —, porque a radicalização islâmica oferece seja uma forma de vida alternativa, que faltou em outros lugares, seja o pertencimento a uma comunidade que, mesmo imaginária ou virtual, pede a contribuição do *born again*, do regenerado, para realizar uma utopia transnacional.

2. Teologia política do neocalifado planetário

O terror que nasce do jihadismo global, até o momento, foi compreendido prevalentemente como um «terror cego», não apenas por sua fúria destruidora, mas também pela aparente ausência de um fim político. Isso é ressaltado pelo fato de que qualquer tipo de troca é impossível, visto que a arma do martírio anula qualquer possibilidade de negociação. Assim nasce a imagem aterrorizante do jihadista vestido de preto que, como uma onda anômala proveniente de um passado oculto, invade os não lugares do Ocidente — aeroportos, metrôs, shoppings — para reivindicar sua utopia feita de nada.

O combatente que agia, até mesmo por modalidades análogas, tendo em vista um projeto concreto — sobretudo a independência nacional — cedeu lugar ao terrorista que não parece ter objetivos pragmáticos. Essa mudança, que em alguns casos

— como no Afeganistão — ocorreu de maneira repentina, com o combatente pela liberdade que se tornou adepto do jihadismo, representou uma ruptura sem precedentes na ótica ocidental. Se até então à condenação moral do ato violento podia seguir-se uma certa compreensão devido à causa política, a partir de agora o terrorismo parece um ato insensato e louco. Porém a diferença não se encontra apenas na passagem de um projeto nacional, talvez realizável, para um transnacional, impossível de se concretizar. A questão também não se limita somente à terra, porque nada muda quando, depois do terror seminômade iniciado pela Al-Qaeda na superfície do planeta, o jihadismo se reterritorializa em parte proclamando o «Estado Islâmico».

O neocalifado, essa espécie de cidade ideal à qual o Estado Islâmico deu vida, seria para muitos um «fantasma», a quimera de uma entidade ideológica, fundada sobre um pacto de morte cujas fronteiras são cotidianamente redefinidas no globo terrestre de acordo com as batalhas, e cujas ambições são planetárias. Qual seria então sua estratégia, qual a perspectiva política? A única vantagem do neocalifado seria sua penetração no imaginário religioso islâmico e a articulação do desespero numa «teologia da louca esperança». Excluindo-se a vontade de humilhar a presunção ocidental, seu plano se resumiria no início de uma ação jihadista que, com a intervenção divina, deveria instaurar uma teocracia universal guiada pelo islã. Contudo, para o Ocidente essa não é apenas uma causa perdida, que se projeta num futuro imprevisível, mas representa também uma inaceitável mistura entre teologia e política.

Quando se fala em teologia política, mesmo nos estudos especializados, muitas obviedades vêm à tona. Que se imagine uma tensão sincrônica entre teologia e política, ou que se considere, como em geral acontece, a genealogia da política à teologia — no sentido da secularização —, a argumentação se circunscreve rigidamente ao cristianismo analisado com o olhar da modernidade. Hebraísmo e islã são ignorados. Assim se confirma, e se aprova de modo implícito, a ideia de que na tradição ocidental *a* religião por excelência é o cristianismo. Além disso, é um cristianismo abstraído de sua história e na órbita da cultura grega. O modo de entender a relação entre teologia e religião é, portanto, cristão-moderno. Essa ideia se encontra na separação introduzida por santo Agostinho entre «cidade terrena» e «cidade de Deus». Tal separação não parece apenas incontestável, mas também qualquer presença da religião na esfera pública é considerada uma intrusão ilegítima. A política deve se emancipar da teologia: esse é o mote do pensamento laico, cuja versão mais exasperada se torna laicismo.[3] Tudo isso é possível porque o cristianismo, renunciando a muitas prerrogativas, aceitou desde cedo, já a partir de Constantino, uma submissão ao poder político, reconhecendo-lhe a soberania. O *cives* se dobra e o fiel espera pela justiça no além.

No caso do hebraísmo e do islã, que não são *apenas* religiões, as coisas se tornam diferentes. A separação entre teologia e política se demonstra fictícia, assim como parece forçada a projeção de categorias da modernidade cristã. Esconde-se aqui um motivo pro-

---

3 Cf. *infra*, 4, 2.

fundo para conflitos no atual contexto, pois essa projeção impede não apenas de ver a peculiaridade de outras tradições religiosas, mas também de distinguir as diferentes fases e entender os temas que estão na ordem do dia.

Qual foi e qual é hoje a relação entre teologia e política no islã? Como se interpreta o gesto com o qual foi inaugurado o neocalifado? Com frequência se fala de «islã político», considerando a entrada da religião islâmica na cena política como o prenúncio de todo o mal. Contudo, quando se analisa mais profundamente, no mundo islâmico política e religião nunca estiveram separados. Excluindo-se o período de pregação de Maomé e de seus imediatos sucessores, essa foi a regra durante séculos, até o Império Otomano. Fundamento imprescindível e vinculador das leis, da *sharia*, a religião se voltou para a realização do poder temporal e para quem o detinha no momento, ou seja, o califa, o *malik*, o sultão, o emir. Este último, embora se apresentasse como califa nas vestes de «comandante dos crentes», nunca ocupou um cargo religioso, o qual era confiado aos ulemás sunitas ou aos mulás xiitas. Tratava-se de um complicado equilíbrio interno de uma relação teológica-política bem delineada. Sendo assim, no mundo muçulmano não é possível falar de «teocracia», que, ao contrário, sempre foi o ideal último do hebraísmo.

Durante o século XX, alguns eventos históricos particularmente traumáticos levaram à implosão desse equilíbrio. Em 1924, o califado foi abolido enquanto as potências ocidentais fracionavam o Império Otomano. Pela primeira vez o mundo islâmico perde a soberania teológico-política. O general Kemal Atatürk acolhe o princípio ocidental de nação — em árabe traduzido pelo termo *watan*, que antes significava *natal* — e cinde a ligação com a *umma*, com a comunidade muçulmana, eliminando o califado. A fundação, na Turquia, do primeiro Estado laico, antinômico com a teologia islâmica, representa uma dúplice afronta: prova que a ordem política pode prescindir da *sharia* e priva Deus da função pública. A cisão é profunda porque o islã sofre pela separação da soberania política da comunidade dos crentes, sem que o Ocidente perceba a gravidade de tal fato. Mesmo depois, durante as lutas anticolonialistas, a tensão entre cidadania nacional e irmandade muçulmana continua. É impossível compreender os atuais movimentos islâmicos sem considerar essa ferida ainda aberta. Em 1928 foi criada a primeira organização islâmica, a Irmandade Muçulmana.

A revolução iraniana de 1979 marca uma guinada na relação entre teologia e política com a inovação de um aiatolá no poder. Um guia religioso se torna o cargo principal do Estado. Começa, assim, uma forma política híbrida, que não tem precedentes na tradição islâmica e que mal pode ser chamada de teocracia, visto que, ao contrário, é uma hierocracia, ou seja, um regime regido por chefes religiosos. De maneira análoga, não se pode falar de teocracia na Arábia Saudita, onde existe uma monarquia familiar que segue o wahabismo, um rigoroso movimento sunita.

No Afeganistão, dizimado pelos conflitos e pelas sangrentas lutas internas, os talibãs tomam o poder e, em 1996, inauguram um emirado islâmico guiado pelo mulá Omar. Explode a fúria iconoclasta. Apesar dos apelos das organizações internacionais e dos protestos ocorridos no mundo inteiro, as duas estátuas gigantes de Buda, situadas no vale de Bamiyan, são pulverizadas por uma imensa carga de dinamite. No dia 19 de março de 2001, a emissora Al-Jazeera, do Qatar, transmite as imagens da devastação. De acordo com as regras mais estritas do wahabismo, que exige a aplicação literal da *sharia*, todas as obras de arte que precedem o islã devem ser eliminadas. Por isso, a seguir foi a vez de Palmira. Mas seria reducionista interpretar aquela explosão, que provocou desdenho na opinião pública ocidental, apenas como o êxito extremo de uma aversão supersticiosa pelas imagens. Se no emirado foram destruídos os ídolos, se às mulheres foi imposta a burca para que não pudessem transmitir perigosas mensagens de desejo por intermédio do corpo, se foram proibidas as pipas que antes infestavam alegremente o céu de Cabul, se a posse de passarinhos foi proibida para evitar que seus cantos pudessem atrapalhar os estudos do Corão, se foram destruídos todos os sinais, capazes de desviar a atenção da irrepresentabilidade de Deus, tudo foi feito para expor, sempre e em qualquer lugar, sua soberania. No emirado, que durou cinco anos, a política foi reduzida a simples instrumento da religião.

Outro passo decisivo ocorreu em 29 de junho de 2014, quando Abu Bakr al-Baghdadi proclamou o «Estado Islâmico» se apresentando como califa, vicário do Profeta, com a intenção de reconstruir sua comunidade islâmica originária. Baseado na *sharia* mais restrita, o Estado Islâmico é a forma última e mais radical do islamismo, a utopia de uma inoperatividade da política que cede lugar à teologia. Essa última, porém, é entendida como *lógos*, discurso de Deus, no sentido de que é o próprio Deus quem fala por meio de suas obras, mas também com seus castigos. Daí a exposição exasperada de sua soberania ilimitada mediante atos ferozes e atrocidades brutais. Torna-se, portanto, necessário trazer à cena um poder absoluto de Deus que deve incutir temor e aterrorizar suas criaturas. A soberania não pode ser circunscrita nem a um território nem a um Estado, impensável a não ser como uma base temporária, a partir da qual a soberania deve ser imposta e exportada. Segundo a estratégia do neocalifado, definida num texto publicado em 2004, é necessário difundir o terror no mundo, semear o caos, «administrar a brutalidade», destruindo todas as instituições.[4] Esse seria o prelúdio para instaurar, aqui e agora, o Reino de Deus.

Tal utopia radical, em suas três formas delineadas — a sunita e as duas xiitas —, é uma utopia antipolítica, ou melhor, ultrapolítica, pois parte da deslegitimação da política, corrupta e imunda, e tem como objetivo superá-la pela religião. Por essa razão é errado falar de «islã político» pensando na politização da religião. As tentativas, no passado e no presente, de sair da política para restaurar, por meio da pureza da religião muçulmana, a soberania de Deus se apoiam, em suas diversas formas, sobre uma mesma concepção fundamental do islamismo. Não é incorreto dizer que o «islamismo» — termo que remete não por acaso ao fim do século XVIII — é a resposta muçulmana à modernidade que, em julho de 1798, chega a Alexandria, no Egito, com as tropas de Napoleão. Desembarca com tiros de canhões, abrindo caminho com a força da técnica, e

---

4 Abou Bakr Naji, *The Management of Savagery: The Most Critical Stage Through Which the Umma Will Pass*, 2004. Disponível em: https://azelin.files.wordpress.com/2010/08/abu-bakr-naji-the-management-ofsavagery-the-most-critical-stage-through-which-the-umma-willpass.pdf.

do arsenal dos Lumes descarrega dois conceitos, o de civilidade e o de nação, que deveriam servir a uma política que segue a lógica da razão. Foi o primeiro encontro face a face entre o Ocidente, que se diz avançado, e o Oriente, que se supõe despótico. Vários outros conflitos seguirão, até as lutas anticoloniais. Se no início se afirma a ideia de nação, mais tarde o mundo muçulmano se insurge também por causa da desagregação da *umma*. O islamismo é a reação à modernidade ocidental, é a reivindicação das raízes islâmicas por meio de uma reação que se faz em torno do Corão. Nesse sentido o islã é o ultraislã que, para se imunizar, mobiliza para sua defesa identitária todos os anticorpos, desdobra-se e se intensifica até transformar a vergonha em honra, a humilhação em integridade superior, até buscar na memória das feridas passadas a esperança religiosa, mesmo que apenas no mundo do além. Uma vez que é o êxito de uma traumática «passagem para o Ocidente», o islamismo, inimaginável sem as categorias da modernidade, com as quais se compara e, mesmo que as rejeitando, se articula, é de fato pós-moderno.

O neocalifado de Abu Bakr al-Baghdadi tem, portanto, uma longa história, e as teorias às quais se refere não são novas. Talvez tenha razão o escritor Tahar Ben Jelloun quando indica a data precisa de sua origem: 29 de agosto de 1966, o dia em que o presidente egípcio Nasser decide enforcar Sayyid Qutb.[5] A letra do Corão ainda não era a arma do terror e em muitos países árabes, da Síria ao Iraque, o socialismo laico era difundido.

---
5 T. Ben Jelloun, «Le califat sauvage». In: FOTTORINO, É. *Qui est Daech? Comprendre le nouveau terrorisme*. Paris: Philippe Rey, 2015. p. 12.

Quem é Qutb? Desconhecido do grande público ocidental, mas também dos círculos filosóficos, Qutb é o teórico do islamismo radical. Sua figura, complexa e atormentada, não se reduz à do militante. Nascido numa vila do baixo Egito em 1906, Qtub se dedicou, depois da universidade, à poesia e à literatura, conseguindo certa fama como polemista. Depois de um naufrágio sentimental, que o levou a permanecer para sempre celibatário, mudou-se para os Estados Unidos em 1948, onde permaneceu por bastante tempo estudando o sistema educacional do país. Essa experiência o marcou profundamente. O *american way of life* lhe pareceu primitivo e banal, materialista e imoral. Quando voltou ao Egito, depois de dois anos, abandonou as posições mais moderadas e se aproximou da Irmandade Muçulmana. Foi nesse período que escreveu *Justiça social no Islã*. A modernização autoritária e brutal, iniciada por Nasser depois do golpe de estado de 1952, constituiu o pano de fundo de sua vida e de seu pensamento. Preso em 1954 por propaganda contra o regime, torturado e condenado a 25 anos de trabalhos forçados no campo de Tura, se dedicou a escrever, entre outros, o monumental *Na sombra do Corão*.[6]

A crítica à modernidade, que ocorre também por meio de uma ruptura com a tradição muçulmana, se precipita nas sombras da descrença e da ignorância, e culmina no princípio da *hakimiyya*, a «soberania de Deus», que deve ser restabelecido no mundo a qualquer preço, mesmo por meio da ação violenta. A *jihad*, a guer-

---

6 Cf. S. Qutb, *In the Shade of the Qur'ān*. Leicester: The Islamic Foundation, 1998.

ra santa, se eleva à condição de obrigação, um vínculo imperativo com o mesmo valor dos «cinco pilares» do islã. Para desenvolver o conceito de *jihad*, rompendo com uma interpretação secular, Qutb retoma a doutrina de Ibn Taymiyya, um teólogo que viveu entre 1263 e 1328.

Por que a escolha de um teólogo medieval? Por que sua autoridade intempestiva? Taymiyya hoje é a referência dos movimentos salafistas, em particular dos jihadistas, seja porque convocou uma *jihad* mais radical, seja porque apoiou a ilegitimidade da política humana, que não pode ter lugar no islã uma vez que apenas Deus possui o direito de governar.

Por sua vez, Qutb relançou a ideia de uma *jihad* dirigida tanto para dentro do mundo muçulmano — contra os corruptos e os apóstatas — quanto para fora, com o objetivo de suprimir qualquer poder humano e restituir a soberania à lei divina, *shari'at Allah*. Sob tal aspecto, a soberania mais ilegítima é a do Estado democrático, em que, a partir de um contrato, o povo se proclama soberano. Essa crítica ao conceito ocidental de Estado se conjuga com um projeto de desterritorialização que ignora todas as fronteiras e prevê uma soberania universal de Deus. É o projeto de uma teocracia absoluta, concretizada na *umma* e confiada a uma «vanguarda» revolucionária que, graças à *jihad*, deve fazer tábula rasa de todas as ideologias e instituições anteriores. Dentro dessa visão, fortemente herege em relação ao islã tradicional, na qual fica evidente a influência dos movimentos revolucionários da época, a *jihad* toma a forma de um conflito cósmico, um embate metafísico que pode ter um fim apenas na vitória última, na soberania ilimitada de Deus.

Osama Bin Laden e Abu Bakr al-Baghdadi se consideraram discípulos de Qutb, porém sem alcançar o prestígio de que este último gozou e ainda goza no islamismo contemporâneo.

3. Os cavaleiros pós-modernos do apocalipse

Eles perseguem a miragem de uma *neoumma* imaginária, a mítica comunidade que se desenha, homogênea e estável, no passado íntegro e luminoso que inflama suas visões oníricas, mas não são tradicionalistas. Fogem do presente que asfixia para se projetar no passado, em direção a idades remotas, e voltar ao amanhã que está por vir. Enquanto vivem na realidade virtual do *McMundo*, montam potentes cavalos de batalha que atravessam o deserto do século VII, escutam antigos chamados de *jihad*, flertam com o asceticismo wahabita do século VIII, para contestar então as imagens prepotentes e perversas do neoliberalismo. Ostensivamente neoarcaicos, opõem-se ao sonho americano com uma epopeia fabular e heroica. São cavaleiros pós-modernos do apocalipse, obcecados pelo inimigo distante, que está do outro lado do Atlântico, antes mesmo de enfrentar os que se encontram no Oriente próximo.

O fim dos tempos é iminente, os sinais que remetem ao último instante são óbvios. Essa é a certeza que anima os jihadistas contemporâneos. O que os inspira não é a exegese tradicional corânica, reticente em traduzir a ideia do fim dos tempos para a linguagem crua e precisa da atualidade. Ao contrário, a fonte a partir da qual a escatologia é desenhada, o pensamento do que acontecerá no limite do extremo antes que tudo seja inundado, é paradoxalmente um texto do Novo Testamento, o Apocalipse de João (13-17). Mediante símbolos bíblicos e referências proféticas, fala-se da queda da Babilônia — a metrópole corrompida —, prevê-se a destruição das nações pagãs e o triunfo dos justos, mas sobretudo, com palavras enigmáticas, faz-se alusão ao embate final que acontecerá com a vinda do Anticristo, anunciada por mentirosos pródigos, e a parúsia do Messias.

Essa visão alimentou durante séculos, desde seu início, a literatura apocalíptica islâmica que, em suas versões mais recentes e mais extremas, levou à incandescência do jihadismo. A espera espasmódica por um bater de asas da história, por um evento que possa modificar seu rumo marcando o momento da vingança, é, porém, há décadas um fenômeno de massa no mundo muçulmano. O divisor de águas acontece em 1979, ano da revolução iraniana, da invasão soviética ao Afeganistão, mas também do ataque a Meca, no coração da Grande Mesquita, conduzido por cerca de trezentos insurgentes, guiados por uma potente família de Najd, que declaram a volta do redentor do islã.

Durante a sucessão de eventos ocorridos na passagem do século — da vitória dos talibãs à queda das Torres Gêmeas —, multiplicaram-se os esforços para ler os sinais inequívocos da derrota definitiva da *jahiliyya*, a época pré-islâmica das trevas. Porém foi sobretudo a Guerra do Iraque, iniciada em 2003 pelos Estados Unidos com o apoio das tropas britânicas, que incrementou a literatura apocalíptica, a qual se tornou cada vez mais explosiva com o passar do tempo. Não é um risco falar de um verdadeiro «apocalipse do terror».[7]

De acordo com as previsões, as vestes negras dos discípulos do *mahdi*, a figura messiânica do redentor, deveriam percorrer a Ásia Central, atravessar o Irã e tomar o caminho da Síria, até chegar a Jerusalém.[8]

Já havia algum tempo se profetizava o surgimento de um califado destinado a unificar o islã. No entanto, a proclamação do «Estado Islâmico do Iraque e do Levante» deixou todos pasmos. Para alguns analistas, tratou-se do evento mais impressionante depois da Guerra dos Seis Dias. O Estado Islâmico representou uma surpresa para os próprios jihadistas e reforçou suas convicções milenares. Isso explica a violência extrema que demonstraram mais de uma vez. A coalizão dos sessenta países chamados para combater o Estado Islâmico parece gigantesca, mas impotente diante de um adversário pronto para lutar contra o anticristo — *Al-Masih ad Dajjal*, o messias impostor — num embate sem regras e sem trégua, até a vitória final. É um confronto combatido no limite extremo, em que não existe uma frente definida, mas apenas o limite entre o Bem e o Mal.

Tal embate escatológico pode ocorrer em qualquer lugar do planeta. O jihadismo apocalíptico é necessariamente planetário. Dentro dessa visão exotérica da história e de seu curso, o olhar se concentra no presente decifrado segundo um esquema maniqueís-

---

7 Cf. J.-P. Filiu, *L'Apocalypse dans l'islam*. Paris: Fayard, 2008. pp. 260 ss.

8 Cf. D. Cook, *Contemporary Muslim Apocalyptic Literature*. Syracuse (NY): Syracuse University Press, 2008. pp. 174 ss.

ta, uma grade de leitura extremamente simplificada que não exige o estudo dos textos ou o conhecimento da tradição. É por isso que os jihadistas não são nem fundamentalistas, ou seja, ligados aos fundamentos de sua tradição, nem tradicionalistas. Ao contrário, são aceleradores do incêndio. Monitoram com impaciência os sinais que podem revelar o fim, persuadidos pela ideia de pertencimento a uma vanguarda inicial que possui a chave para descriptografar o sentido que se esconde aos olhos de todos. Encontram intenções ocultas por trás dos eventos, complôs tenebrosos, conspirações impenetráveis e prejudiciais. Para esses generais do Apocalipse, cujos soldados podem se multiplicar com um simples alistamento, bastam o tumulto da atualidade e a certeza de estarem do lado certo da história. Em virtude de suas características exotéricas e apocalípticas, o jihadismo global pode funcionar sem uma organização piramidal e consegue seguir um modelo horizontal e difundido, ilustrado pelo «rizoma» de Deleuze, tornando-se a violenta *jihad* que explode nas proximidades.

4. O itinerário para o terror

A vida corre sempre igual dentro daquele apartamento no terceiro andar de um edifício na periferia. Em meio a vidro e cimento, as raízes murcharam faz tempo. Todo o entorno remete a exílio. As luzes frias de neon da avenida, o barulho do trem, que ruma indiferente em direção ao centro da cidade, as formas conhecidas e ao mesmo tempo estranhas dos vizinhos, o cartaz chamativo do supermercado da frente. Aqui e ali, nos cantos da sala de estar, um jarro antigo, um par de cigarros e velhas fotos trazem à tona um passado perdido, aquele dos pais — e dos pais dos pais. Por entre as cores opacas de uma imagem se vislumbra, em torno de sua família, um velho que emana dignidade, apesar das visíveis restrições.

Aquela existência não teria sido mais feliz? A pergunta é inútil. O pai e a mãe é que decidiram cortar as raízes e escolheram emigrar, em busca de um futuro com maiores possibilidades para os filhos. Mas aquele futuro parece não ter horizontes e surgem as dificuldades e os inconvenientes de tal decisão, que para os filhos parece uma traição insensata de suas origens. Foram empurrados para um enorme trauma por uma aguda dilaceração que agride sua identidade, nesse ponto já em frangalhos. São vítimas de uma amputação genealógica, de uma negação identitária, provocada pelos pais, aqueles assassinos da origem que fazem com que os filhos paguem um preço muito alto. Não se sentem em casa em nenhum lugar — nem naquele presente desolado, nem no passado irremediavelmente negado, nem num futuro que tomou o caminho do recomeço.

Claro, têm a liberdade de uma vida emancipada tão sonhada pelas gerações precedentes. No entanto, para eles essa liberdade se tornou um fardo, a obrigação de uma escolha perene da qual não se sentem à altura, para a qual não possuem os meios. Podem moldar a existência sem ter de se curvar às normas restritivas, sem os vínculos da tradição. As possibilidades de escolha são inúmeras, como as mercadorias de um grande supermercado. É exatamente isso que provoca inquietação, desordem, confusão.

Não há nada que seja reconfortante, que ofereça suporte, nem em casa nem fora dela. Em casa, na academia, nos bancos dos parques, nas ruas anônimas daquele bairro multicultural, sem história e sem caráter, em nenhum lugar não há nem sombra de uma comunidade. É impossível buscar abrigo. Restaria, em último caso, a mesquita. Mas, para os filhos da emigração, para os órfãos das raízes, aquele universo religioso também é um ambiente isolado e desconhecido. Inadaptados, excluídos, entregues a relações descontínuas e fragmentadas, condenados a repetidas frustrações, a uma humilhação mortificante e incompreensível, deparam-se com uma miríade de portas fechadas que lhes aumenta a ansiedade e confirma seu desespero. Sentem-se rejeitados sem saber o porquê, são impiedosamente discriminados justamente enquanto têm de suportar aquele mal-estar identitário. Sentem-se duplamente vítimas — seja por causa das inúteis concessões que seus familiares fizeram para aquela sociedade cruel e desumana, seja pela marginalização que os perturba profundamente. A vergonha se une ao orgulho ferido, numa mistura explosiva que produz raiva.

O órfão de raízes, em seu caminho para a radicalização, pode se afiliar a um grupo para se sentir filho pelo menos em algum lugar, ou então pode buscar conforto na comunidade virtual da internet, onde começa novas alianças, onde, no Facebook ou no Twitter, entra em contato com pessoas que lhe sejam afins, que pensam e se sentem como ele. Começa, então, a mudar a percepção sobre si, e descobre que sua condição de «vítima» é compartilhada por outros, pelo grupo, pela comunidade virtual. As fronteiras da vitimização se ampliam. Junta imagens, retiradas da rede ou da televisão, que favorecem a radicalização por procuração. Identifica-se com o palestino, o tchetcheno, o iraquiano, o sírio... Não é o único a sofrer injustiças. Com uma nova e consciente hostilidade, olha para o mundo que o circunda. Fantasias de vingança atravessam seus pensamentos. Foi dessa forma que, depois de um processo de radicalização por procuração, os irmão tchetchenos Tamerlan e Dzhokhar Tsarnaev idealizaram e realizaram, em abril de 2013, o atentado de Boston.

Contudo, radicalizar-se não significa passar para a ação violenta. A promessa de «fazer pagar» pode ser adiada ou podem surgir outras modalidades. É muito raro, porém, que a raiva seja canalizada para a política tradicional, que para os adolescentes é um obscuro e inacessível paraíso destinado às celebridades. Já não é uma questão de mudar o mundo, mas de fugir dele. Não antes, contudo, de tentar mudar o próprio destino. Na falta de alternativas, os dois caminhos opostos são o da delinquência e o da introversão religiosa.

Um percurso caótico, somado à dignidade ferida e a um forte sentimento de exclusão, pode levar à agressividade contra aqueles que são vistos como «inimigos» — agentes do Estado, pessoas que são símbolos de sucesso social ou de uma vida controlada — e, portanto, à delinquência. O excesso se torna a norma do cotidiano, a violência é levada a cabo sem nenhum tipo de remorso por parte de quem se sente vítima, a brutalidade comanda a relação com os concidadãos, como se o contrato de não beligerância estivesse suspenso. Prevalece uma dimensão extática da existência — o êxtase das drogas, mas também aquela sensação que leva a ultrapassar os limites, a ir cada vez mais longe, mesmo com o risco de morte. Melhor do que aceitar um trabalho precário e mal pago, junto com todas as normas que impedem o acesso ao consumo e reduzem à insignificância, é tentar o sucesso, tomar para si o que é devido e ao mesmo tempo negado, a despeito de uma sociedade que o considera intruso e o despreza. Se o lema é «consumo, então existo», essa vontade de consumir se torna o modo para pedir o reconhecimento da própria existência, mas fazendo-o por meio da transgressão da delinquência que, além de guiada por fins egoístas, se encontra no leito daquela sociedade que ele aparentemente rejeita.

Especular é o caminho da introversão religiosa, magistralmente narrado por John Updike em seu romance *Terrorista*.[9] É a história emblemática do adolescente Ahmad Mulloy Ashmawy, que, fechado num rigor inquebrável cultivado na mesquita de New Prospect e guiado por um imã iemenita, segue em direção a uma espiral de violência sem volta. A apatia e a depressão dão lugar ao entusiasmo, à sensação de ser inspirado por Deus, sob a forma de uma plenitude extática e de uma exaltação que afasta o mundo e os outros. O excluído exclui, o desprezado despreza aquele mundo corrupto, escravo do dinheiro, do sexo, da aparência.

Na busca espasmódica pelas raízes perdidas, na busca incessante para recuperar a identidade, cada itinerário é irredutivelmente individual. Basta pouco para abraçar o caminho da iniciação: na esquina de casa as palavras reconfortantes de um amigo, na prisão a influência carismática de um companheiro de cela, na internet

---
9 J. Updike, *Terrorista*. Parma: Guanda, 2007.

a enorme quantidade de materiais destinados aos adeptos pouco versados nos arcanos da teologia e no direito islâmico, que qualquer um pode baixar nos sites jihadistas. Para a polícia do mundo ocidental, a doutrinação não é um crime. É necessário apenas uma mensagem de WhatsApp, uma foto no Instagram, uma troca de informações por chat e o neófito entra na comunidade virtual, candidatando-se para a *jihad*.

O caminho de iniciação da radicalização é sobretudo um renascimento. *Born again*. Isso vale tanto para o convertido quanto para o que encontra um novo islã, bastante diferente do da própria família.[10] O hiato geracional se torna uma quebra definitiva. Quase todos os radicalizados são, ou se sentem, órfãos. Podem estreitar apenas relações horizontais, principalmente reforçando as ligações fraternas. Kouachi, Abdeslam, Abbaud, Benladghem, Aggad, Dahmani, Bakraoui, Abrini — é impressionante o número de irmãos destinados em conjunto para o terror. Não é por acaso que o novo nome, que marca a iniciação, comece por *Abu* — Abu Ali, Abu Salah etc. —, que significa «pai de». O filho se autoproclama pai, torna-se a própria origem e dá vida a uma posteridade imaginária. Mas leva consigo também o passado, regenerando os pais, tentando convertê-los ou prometendo salvá-los com seu sacrifício.

A radicalização é regeneração, cura, purificação, expiação. Nessa ascese do arrependimento se completa a separação do mundo injusto, corrompido, hipócrita — separação que promete saúde

---

10 Entre os radicalizados ao islamismo, calcula-se que pelo menos 40% sejam convertidos.

e salvação, recuperadas, segundo uma das etimologias da palavra *islã*, depois de um perigo superado.

Aquele apartamento insignificante e sem personalidade, na enorme construção perto do nada, nos subúrbios do desconforto, se torna de repente o trampolim para a transcendência, a base organizacional da redenção e da vingança. A angústia é sedada, a depressão dá lugar à comemoração, a existência, que arriscava se despedaçar, se eleva a uma nova plenitude do ser. O novo nome chama para a vida de uma nova pessoa.[11] Quer a novidade permaneça escondida no espaço público, quer seja marcada por sinais explícitos, o eleito possui uma insólita e desconhecida percepção de si, e adquire a dignidade, a personalidade e o orgulho que lhe foram negados. O ressentimento aparentemente é mitigado, enquanto a raiva, graças à sua eleição, se sacraliza. A violência alcança um novo sentido. Quem já se encontra às margens da lei pode continuar ali, em nome de uma lei superior e mais justa: a lei de Deus. O pequeno delinquente encontra redenção no sacrifício por uma causa nobre e elevada. A transposição para o registro religioso transforma seu ódio por esse mundo corrupto, que o rejeitou, num sentido de superioridade indefectível que o condena a aceitar seu papel do herói negativo. No universo onírico onde agora vive, e no qual se torna o porta-voz da comunidade imaginária que o escolheu, o vingador do islã oprimido aceita o reconhecimento negativo. Se os outros não o respeitam, devem pelo menos temê-lo, olhá-lo como uma ameaça, um flagelo que se impõe a seus olhos por intermédio do terror. Encontra a pátria

---

11 Cf. F. Khosrokhavar, *Radicalisation*, op. cit., pp. 122 ss.

na *neoumma* que surgirá e que nunca verá durante sua vida, para a qual, porém, pode contribuir com sua morte.

5. Ciberterrorismo

Uma vez que a técnica é oportunidade e ameaça ao mesmo tempo, a rede não é apenas uma tecnologia da libertação, mas também um instrumento capaz de dilatar, expandir e ampliar a violência. Todo o terrorismo atual, para além da «jihad midiática», seria inimaginável fora do *McMundo*. Esse espaço não é nem completamente público — pois não possui a abertura efetiva do espaço real, com seus horizontes, suas imprevisibilidades, seus cantos profundos e inacessíveis — nem completamente privado — visto que não é secreto, apesar de ser sectário e atrair pessoas ligadas por convicções em comum.

A meio caminho entre o público e o privado, o real e o onírico, a internet revela ao indivíduo perdido na anomia da modernidade, exposto à inédita abertura planetária, a alternativa de uma comunidade acolhedora. Finalmente, sente-se acolhido, ligado por um sentimento de pertencimento íntimo e solidário, fortalecido por suas ideias, reforçado por suas intuições. A existência adquire sentido, toma um caminho bem definido, cada vez mais unívoco. Uma rápida busca por vídeos, posts, artigos, falas, testemunhos, uma viagem que antes levaria meses, com acesso limitado para poucos, comprova sua imagem de mundo que, visto pela internet, parece um universo facilmente controlável. O espaço se condensa, o tempo se comprime, a identidade se torna mais precisa e se esconde atrás de uma trincheira construída contra um inimigo que antes era apenas virtual.

Isso vale ainda mais para quem se radicaliza. A fuga do ambiente circunstante se torna possível graças à rede que contribui para deslegitimar as instituições tradicionais — família, escola, academia, velhos partidos —, mas também as religiões, privadas de sua riqueza exegética, filosófica e jurídica. O fácil acesso a textos confeccionados por uma empreendedora *intelligentsia* jihadista, e disponíveis também em inglês, permitiu que gerações inteiras deste século pudessem contornar o estudo e a longa formação, para se apropriar de um código limitado a poucos preceitos, um islã reduzido à letra, muitas vezes na versão salafita.[12] O caminho entre o acesso aos sites jihadistas e a participação ativa é muito curto. A mensagem incendiária é elementar: guerra sem fim contra um mundo corrupto e impuro, luta até a morte contra o Ocidente, o símbolo de todos os males.

Mas a internet jihadista, uma comunidade salvífica apenas na aparência, em vez de mostrar novos cenários e oferecer novas perspectivas, se revela logo uma gaiola. À propaganda se segue o recrutamento. Os conteúdos, antes limitados aos videocassetes, são facilmente publicados nos sites em que heroicos combatentes estão envolvidos em sangrentas batalhas contra inimigos que devem morrer e que são aniquilados com poucos movimentos. Explosões, carnificinas, decapitações: o novo adepto se exercita na violência e

---

12 Cf. *infra*, 4, 3.

se acostuma com a crueldade, degustando, por assim dizer, o dever homicida que o espera nas metrópoles globais ou nos campos de batalha da Síria e do Iraque. O início se dá quase por distração, por jogo, e penetra-se na engrenagem com passos inócuos e imperceptíveis, ignorando suas consequências efetivas. Entre realidade e ficção, o jihadista informático se acostuma com a morte abstrata, sem rosto, exercita-se com a distância emotiva que a tela lhe garante, treina por meio do recorta e cola que espera reproduzir no mundo e na história. Longe de ser um simulacro, o apocalipse lhe parece à mão. Gerenciada de modo flexível, de forma descentralizada, sem uma estrutura hierárquica, a comunidade virtual da *jihad* torna seus membros autônomos, legitimados para matar, chamados para ser os protagonistas do próximo ataque. A passagem para a ação é facilitada pela rede, cuja virtualidade não tem o sentido do não real, mas indica, ao contrário, a premissa e a promessa de uma realidade que virá, aquele cenário excitante que, depois de experimentado na frente da tela, o jihadista tenta traduzir para a realidade.

6. Tanatopolítica jihadista

Talvez mais do que em outros lugares, a ligação entre terror e modernidade emerge na «morte sagrada», no suicídio-homicídio, para o qual ainda não foi encontrado um termo que corresponda à sua desconcertante enormidade. Por que se matar para matar? Mas também por que matar para se matar?

O recurso à arma absoluta da própria morte, amplificado pela espetacularização midiática, desencadeia um processo catastrófico planetário. Numa época de armas hipertecnológicas, aquele ato definitivo de morte é impossível de ser revidado. Aqui se alcança o ápice do terror assimétrico. Contudo, essa explicação estratégica é parcial e tendenciosa porque considera o êxito, sem trazer luz ao fenômeno em sua complexa genealogia psicopolítica.

Para resolver o assunto rapidamente seria possível falar, como geralmente acontece, de *suicide bomber*, «homem-bomba», ou até mesmo de «camicase», termo que indica a proveniência exótica da ameaça, indiferente a ponto de superar os limites não apenas da civilidade, mas da humanidade. Tal fato seria confirmado pela conhecida recompensa das voluptuosas virgens que aguardam no paraíso, à qual aspiraria, na qual, ainda antes, acreditaria o mártir de Alá, esse intruso arcaico na iluminada paisagem global.[13]

Pensando bem, o gesto de quem busca a própria morte para matar se insere, conforme Roberto Esposito sugeriu, na «tanatopolítica», o efeito de uma modernidade em decomposição, resultado de uma doença autoimune, em que a vida é protegida negando-a, numa paradoxal junção mortífera trazida à tona pelo suicídio-homicídio.[14]

Contudo, a novidade da tanatopolítica jihadista, que não encontra precedentes na história da autodestruição humana, está no

---

13 Cf. S. Žižek, *Benvenuti nel deserto del reale*. Roma: Meltemi, 2002. p. 77.

14 Cf. R. Esposito, *Bíos: Biopolitica e filosofia*. Turim: Einaudi, 2004. pp. 115-22. Cf. também Id., *Immunitas: Protezione e negazione della vita*. Turim: Einaudi, 2002.

furioso desejo de antecipar o apocalipse que tarda a vir com uma irrefreável vontade de acelerar o fim dos tempos, com uma atividade febril para produzir a catástrofe, em vez de esperá-la, com uma desesperada ambição de criar uma *neoumma* mundial, aquele terceiro sonho cujo objetivo é aniquilar o degenerado e arrogante mundo ocidental — uma miragem que desaparece no vórtice da negação. E nesse ponto o meio se torna fim, esquecido da vida, e, na explosão dos corpos dilacerados, no massacre da carne dissolvida, símbolo da soberania perdida, a morte triunfa soberana.

A figura do agente suicida se destaca, em sua modernidade, no contexto de uma longa tradição à qual gostaria de se referir, mas da qual decisivamente se afasta. E é essa distância, frequentemente ignorada, que deve ser esclarecida.

O martírio se insere no contexto de uma longa tradição das religiões monoteístas, a começar pelo hebraísmo, em que o *Kidush Ha-Shem*, a santificação do Nome de Deus, é exigido em situações extremas, por exemplo para não sucumbir à idolatria ou para não cometer homicídio. O mártir, que com seu sacrifício testemunha o Nome, é, portanto, considerado *Kadosh*, santo. Nesse caso, não há traços nem de heroísmo nem de satisfação extrema. O mártir morre quando não tem alternativa, é uma morte anônima e inglória, como nas câmaras de gás dos campos de Hitler. A história do martírio hebraico, marcada por várias datas — 70, 135, 1096, 1349, 1492, 1648 —, atinge seu ápice entre 1942 e 1945. Conforme mostrou Daniel Boyarin em seu livro *Dying for God: Martyrdom and the Making of Christianity and Judaism* [Morrendo por Deus: o martírio e a fabricação do cristianismo e do judaísmo], o martírio cristão, cujo ápice ocorre nos primeiros séculos, está diretamente ligado ao hebraico.[15] O mártir cristão escandaliza a Roma imperial, onde a escolha de ser *mártus*, de atestar o Deus único, é fonte de espanto, quando não de raiva, pelos efeitos provocados sobre os prosélitos. Com o tempo, porém, torna-se mais frágil o limite entre a morte aceita como uma condenação e aquela cobiçada para abandonar esse mundo vão e obter a salvação no além. Contudo, o impulso do mártir em direção à morte não pode nunca resvalar no suicídio, fato proibido seja pela religião hebraica, seja pela católica. Conforme disse santo Agostinho, «o suicida também é um homicida».[16]

No islã, a figura do mártir — o *shahid* — está a meio caminho entre o santo e o herói. No Corão, a palavra *shahada* significa testemunho. Apenas mais tarde, em parte graças à influência do mártir cristão, o «combater pela causa de Deus» — *sabil 'Allah* (Corão 3:151) — toma o valor de uma morte sagrada que atesta a autenticidade da fé. Mas o *Shahid* não se limita a defender-se e cai lutando contra os infiéis. O martírio tem um caráter «ofensivo».[17] Como se diz na *Surata do Arrependimento*: «Combaterão pela causa de Deus, matarão e serão mortos» (Corão 9:112). A resposta pela violência é legítima. É impensável oferecer a outra face, seguindo o ideal de não resistência que, do Antigo Testamento («*dê sua face ao*

---

15 Cf. D. Boyarin, *Morire per Dio: Il martirio e la formazione di Cristianesimo e Giudaismo*. Gênova: Il Melangolo, 2008. pp. 191 ss.

16 Santo Agostinho, *La città di Dio*, I, 17.

17 Cf. F. Khosrokhavar, *I nuovi martiri di Allah*. Milão: Bruno Mondadori, 2003. pp. XVII ss.

que o fere» — Lamentações 3,30), passa para o Novo Testamento (*«Não resistais ao homem mau; mas a qualquer que te dá a face direita, volta-lhe também a outra»* — Mateus 5,39). O *shahid* combate e, vencendo ou sucumbindo como mártir, de qualquer forma será recompensado. A diferença está no nexo que na tradição islâmica liga o martírio à *jihad*, em todos os seus significados: do empenho interior do crente numa luta consigo mesmo para não transgredir, à guerra contra o inimigo externo, o infiel, o desafio que o dispõe ao sacrifício supremo. As duas versões coexistem nos séculos; às vezes uma é acentuada, às vezes a outra. E não é garantido que o esforço místico do mártir, no caminho de Deus, não culmine na abnegação por meio do martírio. Enquanto no islã sunita o mártir é aquele que se imola na *jihad*, no xiita ele tem os traços de quem sucumbe à morte e mais tarde é relembrado num culto de dor.[18]

Em suas diferentes formas, o mártir é parte integrante do islã. É nova, porém, a figura do candidato à morte sagrada que, dramaticamente, entra no cenário da história mundial durante a Revolução Islâmica, mais precisamente durante o conflito entre Irã e Iraque. A fábrica de mártires não nasce no contexto da luta. Ao contrário, foi preparada pelas reflexões teológico-políticas de Morteza Motahhari e de Ali Shari'ati, que humanizaram a imagem do imã Hussein, neto do profeta Maomé, um proeminente personagem do panteão xiita que foi brutalmente trucidado no mas-

---

[18] No mundo muçulmano, os xiitas constituem uma minoria em relação aos sunitas. Para uma visão de conjunto, cf. M. Momen, *An Introduction to Shi'i Islam*. New Haven-Londres: Yale University Press, 1985.

sacre de Karbala, em 610. Expoente de um xiismo militante com veia marxista, Shari'ati transforma Hussein em revolucionário, um exemplo a ser seguido seja pelo *mujahid* — o combatente —, seja pelo mártir que aceita morrer quando tudo está perdido. «Se é possível, cause a morte; se não conseguir, morra!» O mártir intervém quando a derrota é inevitável, quando sobra apenas o sacrifício da própria vida que tira também a vida dos outros.

Mas por que esse gesto último? Não apenas porque quem combate não renuncia à violência contra o adversário, fonte de sua infelicidade, mas também para testemunhar a legitimidade de sua causa no futuro. O mártir é «o coração da história». Nessa escatologia revolucionária, o ato radical do martírio adquire um valor político e existencial disruptivo que marca a distância da tradição religiosa, à qual, de qualquer forma, tentam se referir. Shari'ati é o filósofo que dá voz às novas gerações durante seu encontro com a modernidade ocidental, à qual aspiram, mas da qual se sentem rejeitados. O neomartírio se torna a expressão de uma dupla possibilidade: a da realização pessoal e a de fazer frente a um inimigo muito potente. Enquanto na tradição o martírio era a exceção, na modernidade se torna norma acessível a todos, inscrita no corpo da comunidade, itinerário paradoxal para a constituição do indivíduo na morte.

Os primeiros a transformar a própria vida numa arma e a morte numa mensagem de terror foram, no início dos anos 1980, os jovens mártires iranianos que, com as «chaves do paraíso no pescoço», correram em direção ao fogo das metralhadoras iraquianas para se explodir. Foi um massacre que não se viu nem mesmo na Batalha dos Flandres, durante a Primeira Guerra Mundial. Aquela onda de adolescentes que corria para a própria morte parecia passar por cima de qualquer lógica. Os iraquianos fugiram para não endoidar. No entanto, aquele sacrifício não obteve nenhum resultado bélico.

Os guardiães da revolução iraniana, para ajudar os irmãos xiitas, exportaram esse martírio para o Líbano, onde estava em formação o Hezbollah, o «partido de Deus». Os meios foram aperfeiçoados e as estratégias refinadas. Os primeiros atentados suicidas, ocorridos em Beirute e em Tiro entre 1982 e 1983, redefiniram a geopolítica do Oriente Médio. Atravessando a fronteira entre xiitas e sunitas, a nova arma foi adotada pelos palestinos no conflito contra Israel, e as estradas do martírio se ramificaram pelos cinco continentes, da Caxemira à Tchetchênia, do Sri Lanka à Turquia.

No século XXI, as bombas vivas avançaram violentamente contra metrópoles ocidentais e o uso da arma absoluta adquiriu dimensões antes inimagináveis em todo o mundo, tornando-se um evento recorrente. A globalização da morte sagrada é a marca que o terrorismo afixou na época atual.

Como é possível lutar por uma vida melhor destruindo a sua própria? Qual é o sentido de se imolar por um mundo melhor, se ele é deixado com o sacrifício? O agente suicida golpeia profundamente a razão e o imaginário ocidental. Os motivos são inúmeros, alguns evidentes, outros ocultos e tácitos. Em primeiro lugar, provoca temor e inquietação entrar em confronto contra quem está pronto para morrer pela própria causa, uma possibilidade há tempos eliminada não apenas pelo valor atribuído à vida, mas também porque nenhuma causa parece hoje merecer o próprio sacrifício. Também a relação com a morte é completamente diferente, até mesmo oposta. De um lado a proximidade da morte, que se torna praticamente uma relação cotidiana, e a busca por uma imortalidade póstuma, do outro a remoção obsessiva da morte, marginalizada da esfera da vida, rejeitada por um perene «ainda não», desafiada pela corrida em busca da juventude eterna que sintetiza o tedioso sonho pós-moderno da imortalidade.

Não se trata apenas do suicídio, que ao mesmo tempo sempre perturbou e fascinou a tradição ocidental, nem do risco de que seja imitado, um efeito conhecido pelo menos desde os tempos de Werther. Não se trata nem mesmo da escolha, tão moralmente repulsiva, de quem leva consigo outros indivíduos para a morte. O que assusta é a ação ruidosa que adquire significado político e traz à tona a nova arma que, com sua nudez desconcertante, pega de surpresa um mundo que se imaginava superprotegido das armas tecnológicas. Mas quem não pensa necessariamente em sobreviver não é ameaçado por nenhuma arma. A própria lógica do poder se baseia no medo, principalmente naquele exercitado pelo Estado que se sustenta pelo monopólio da violência e pela ameaça implícita de morte. O que pode fazer então o Estado contra quem se inflige a pena mais grave? A lógica se bloqueia, a segurança desaparece e o poder surge com toda a sua impotência.

O agente suicida todo vestido de preto está ali, no chão do aeroporto de Istambul, ferido. É a noite do dia 28 de junho de 2016. Tiros entre a multidão de viajantes, conflito armado contra as forças da ordem. Um vigia se aproxima cuidadosamente com uma pistola, mas logo foge. Poucos segundos transmitidos sem remorsos pelas emissoras de todo o mundo. Então, com um gesto ao mesmo tempo épico e grosseiro, o terrorista usa seu corpo como uma arma. É como se a tela se rompesse, atravessada por sangue e pedaços de carne estraçalhada.

Enquanto é impossível desviar o olhar, as perguntas se sucedem irrefreáveis. Por que ele fez isso? O que pensou antes de ativar o cinto explosivo? Teve dúvidas, foi invadido por remorso? Será que uma hesitação o travou por alguns segundos? Será que lhe apareceu na frente o rosto de quem queria vingar? Pensou que não poderia mais suportar aquela vida? Pensou que Deus, a quem havia convocado pouco tempo antes, lhe recompensaria por tê-lo servido até o sacrifício extremo? Queria se matar para matar? Ou matar para matar-se?

Essas perguntas se destinam a ficar sem resposta. Para cada caso, será impossível saber de que modo o suicídio se sublima no sacrifício pessoal, em que ponto o desejo de se autodestruir leva ao de destruir.

O neomártir parece ser a figura especular do *homo sacer* descrito por Agamben, o seu contrário.[19] Enquanto o *homo sacer* pode ser morto, mas não sacrificado, o neomártir pode ser sacrificado, mas não morto.

Seja nos vídeos gravados, seja nos textos escritos, os novos mártires reivindicam essa condição atingida com a morte, além da

---

19 Cf. G. Agamben, *Homo sacer: Il potere sovrano e la nuda vita*. Turim: Einaudi, 2005.

morte, assinando o próprio testamento com os dizeres *ash-shaheed al havvy*, «o mártir vivo». Muitas vezes a assinatura é seguida pelo verso: «Não creiais que aqueles que sucumbiram pela causa de Alá estejam mortos; ao contrário, vivem, agraciados ao lado do Senhor» (Corão 3:169).

O atentado contra a soberania tem o êxito paradoxal de um viver somente para morrer. Se a vida não pode ser subtraída da soberania, pode-se pelo menos subtrair a própria morte. Soberano apenas no *éschaton*, no limite último da vida, o neomártir deixa-se aos cuidados da morte, geradora de uma vida que não valeria nada de outra forma. O neomártir se afirma negando-se.

Nessa tanatopolítica, a Morte, liberando-se do dever de imunizar a vida, de protegê-la, triunfa como finalidade suprema. O triunfo é compartilhado pelo neomártir. À impotência de vida responde com a potência decuplicada da morte. A explosão é carregada de simbolismos. O corpo estraçalhado é símbolo seja da vida deste lado, privada de dignidade, seja da soberania fragmentada e derrotada.

Contudo, a propósito da reivindicação, convém fazer uma distinção entre o martírio que se insere no contexto de uma causa nacional — palestina, curda, tchetchena, tâmil etc. —, no qual, num enfrentamento que segue contornos mais clássicos, o corpo do mártir desaparece, se pulveriza, representando o espaço negado, as raízes cortadas, a «pátria» perdida, e o martírio que clama pela *jihad* global. Neste último caso, não se reivindica um território, não se combate um inimigo claramente identificado e, sobretudo, não se luta por um projeto político limitado. O neomártir, desde o início do novo século, com seus ataques inesperados e suas temidas incursões, se tornou o protagonista do terror e se imola por uma visão ultrapolítica, uma *neoumma* transnacional. Embora não faltem os aspectos em comum, que se acentuam até o paroxismo, o neomártir possui traços peculiares.

Sua figura nasce da modernidade, porém se opõe a ela. Em tal sentido, encontra-se distante da tradição — da qual, não obstante, se considera expoente radical — e de suas fundamentações religiosas, que com frequência ignora, evita, desconsidera. Sua morte é um problema. É um suicídio mascarado, que seria proibido pelo islã — como por qualquer outra religião —, uma vez que apenas Deus pode conceder ou tirar a vida? Ou é um sacrifício em defesa de um islã ameaçado por um inimigo potente? Nesse caso se trataria de uma *jihad* legítima. As discussões sobre o assunto são acaloradas. O certo é que o neomártir não desafia apenas a soberania política, mas também religiosa. E, numa relação ambivalente, na qual o neomártir se condecora com um prestígio que frequentemente não possui, por um lado se remete à tradição, por outro a boicota, e com frequência as autoridades religiosas, para encontrar uma solução de compromisso, emitem juízos teológicos, *fatwa*, voltados para a legitimação do martírio.

O islã cristaliza a rejeição pela modernidade ocidental. Essa rejeição decorre de uma transição amplamente realizada para o Ocidente. Mesmo se apresentando como um cavaleiro do deserto, o neomártir é um muçulmano ocidentalizado, que já viveu o exílio, que enfrentou a sensação de deslocamento nas cidades globais — Nova York, Berlim, Los Angeles, Paris, Roma, Londres — e foi entregue ao anonimato, ao desprezo, à indiferença nas metrópoles que, de um lado, abrem as portas do acesso privilegiado para a modernidade, do outro levam para a rejeição total. Por trás da opulência exibida nas vitrines, aflora a miséria destinada para muitos, uma miséria que se torna ainda mais insuportável devido à existência indignamente fragmentada. A modernidade é um rei nu, que se descobre em seus aspectos mais repugnantes, o sonho americano se traduz num consumismo impossível. O Ocidente é impulsionado em toda a sua negatividade. O mal-estar é projetado para o exterior num Mal absoluto que deve ser combatido. Choque de civilizações? Difícil acreditar que seja assim. Mais do que tudo, é o ocidentalizado que declara guerra ao mito do Ocidente que o rejeitou e que, portanto, ele demoniza.

Acesso negado à modernidade, profundo sentimento de não pertencimento, dificuldade de lidar consigo mesmo e vontade de afirmação provocam a ruptura definitiva. Um universo maniqueísta que, quando deixa de lado os milhares de cores que causam cegueira do supermercado pós-moderno, se subdivide em branco e preto, sagrado e profano, permitido e proibido, opõe à civilização ocidental — o reino da anomia — uma nova *umma*, tirada de uma origem mítica e projetada num futuro fantasmagórico. Essa *neoumma* planetária, modelada por meio da rede e alternativa à aldeia global capitalista, se torna a nova monolítica pátria virtual do jihadista, esse arqueofuturista que atribui tudo de negativo — arrogância, depravação e vontade de domínio — ao Ocidente, e tudo de positivo à *neoumma*.

A adesão à *jihad* confere de imediato um sentido para a vida, oferece dignidade e capacidade de superar a impotência à qual o neomártir se sentia condenado. Todas as energias se mobilizam num antagonismo inflexível, marcado por um ódio metafísico contra um inimigo sem face, ícone desencarnado na internet. Por sua vez, é nos cantos escuros da rede que o jihadista se prepara para morrer. Impessoal e evanescente, a morte informática torna indistinta e insignificante a morte real.

Executor de uma justiça justiçável apenas por Deus, ao qual, por isso, abertamente se remete, como se aquele *Allahu akbar* pudesse legitimá-lo como braço divino, o neomártir se dispõe a matar o ocidental que está dentro de si antes do ocidental que está diante de si, com a certeza de que o fim dos tempos chegou e que seu ato pode acelerar o apocalipse. Um último gesto, e, com a explosão, seu ser se dissolve na *neoumma* de um futuro imemorial.

7. Mídia, novas mídias e terror

A tanatopolítica jihadista, além de ser o efeito de uma autoimunização que protege a vida mediante sua própria negação, além de expressar um desejo furioso de antecipar o apocalipse que tarda a chegar, se baseia num terror que se torna espetáculo. Essa é a característica decisiva que a distingue da tanatopolítica nazista, também apolítica, que por meio do mote *Nacht und Nebel*, «Noite e nevoeiro», exercitou o terror escondendo-o e negando-o antes mesmo de executá-lo.

O terrorismo contemporâneo, em todas as suas formas, é um terrorismo publicitário porque se destina, de modo direto ou indireto, para a opinião pública, na busca por um cenário aberto que atinja o olho do mundo. Forma, portanto, uma aliança tácita e inconfessável com a mídia. Se já no passado o terror era utilizado como meio de propaganda, é incontestável que a escalada do terrorismo caminhou lado a lado com o desenvolvimento dos meios de comunicação modernos. Depois dos grandes órgãos da imprensa escrita, o rádio e a televisão exerceram papel decisivo. Hoje esse papel foi ocupado pela inauguração da infosfera por meio da internet.

«Terrorismo» é tudo aquilo que a mídia mostra como tal. Nessa aliança existe uma relação de reciprocidade que não pode mais ser rompida, uma vez que isso iria contra as leis do entretenimento. Os terroristas produzem o evento traumático do terror, a mídia o vende. Poderiam não fazê-lo, adotando a única medida antiterrorista que talvez tivesse algum sucesso: o silêncio. Assim sendo, o atentado seria privado do tradicional eco sensacionalista, mas isso violaria o dever de informar. Também é impossível não levar em conta que, na época da globalização midiática, um silêncio compacto e combinado por toda a mídia seria impensável. Aquilo que hoje se chama terrorismo é um fenômeno inscrito na esfera pública atual, permeada, gerenciada e contada pelas novas mídias. Além da internet, a TV a cabo, com suas transmissões ao vivo, tornou o terrorismo um fenômeno global. As grandes emissoras que têm o público internacional como alvo — CNN, CBS, Fox, Al-Jazeera — difundem informação num fluxo contínuo e não disporiam mais dos novos e sensacionais eventos para o esperado *Breaking News*. Prisioneiras da audiência, subjugadas pela concorrência, submetidas às duras leis do mercado, são essas emissoras os aliados mais fiéis e devotos do terror global.

As câmeras já estão sempre nos lugares, ou prontas para chegar em poucos minutos, a ponto de determinar *a priori* o local do terror. Sobre o tema, Baudrillard falou de «precedência da mídia sobre a violência terrorista».[20] É como se marcassem um encontro. Os terroristas procuram os lugares mais aptos para suas explosões telegênicas. Se as emissoras garantem a transmissão do evento, os terroristas buscam a cobertura midiática se aproveitando habilmente dos potentes meios técnicos da mídia ocidental.

Mais do que qualquer tipo de conquista territorial, é a invasão da infosfera que decreta o sucesso do terrorismo. Quanto mais novo, surpreendente e implacável é o ataque, maior é a garantia do sucesso midiático. Uma pequena incursão basta para ressoar por todo o sistema. As emissoras transmitem ao vivo as imagens para os incansáveis consumidores do terror que estão sempre à espera de notícias que movimentem os programas televisivos chatos e pedantes que preenchem parte de sua ordinária existência. De repente a audiência aumenta graças ao marketing de emoções e ao fascínio mortal que liga o agente terrorista ao seu público. Como é possível romper essa ligação? Da aliança com as mídias vem à luz também a afinidade que o terrorismo atual possui com as neoliberais artes do mercado de ações. Os discursos da «guerra contra o terror» parecem cada vez mais hipócritas.

Graças ao dever de informar, o terrorismo consegue falar de si. A cadeia da chantagem mútua é bastante sólida e provavel-

---

20 J. Baudrillard, *La trasparenza del male: Saggio sui fenomeni estremi*. Milão: SugarCo, 1996. p. 85.

mente será assim por muito tempo, mas se trata sempre de uma demonstração de força. O evento hoje é tratado segundo um esquema habitual: a imagem é acompanhada de um fluxo de notícias, ao qual se seguem as análises e os comentários. Se à mídia escrita, menos dependente da imagem, compete hoje o papel da crítica, a TV a cabo, que transmite ao vivo e tem a exclusividade da imagem, dita a agenda. Isso causa como efeito imediato uma maneira emotiva de tratar a notícia, em que o lado sensacionalista é agravado pelo uso de palavras desgastadas e lugares-comuns que acabam equiparando todos os eventos, descontextualizando-os e impedindo uma reflexão aprofundada. É paradoxal o desejo recente de transformar em tabus os objetivos da ação terrorista para não servir de caixa de ressonância, por exemplo, do Estado Islâmico, como se isso fosse suficiente para romper com essa aliança perversa. Dessa maneira apenas se reforça a ideia de que o terror é uma patologia contemporânea.

Ditar a agenda significa escolher qual evento cobrir e qual ignorar. Se a CNN não cobriu, não se torna nem mesmo um «fato». É a narração midiática que articula a realidade e cria a programação do terror. Os ataques terroristas não são todos iguais. A violência praticada pelo *Boko haram* no dia 17 de junho de 2016 num campo de refugiados da Nigéria, quando dezoito mulheres foram assassinadas, teve cobertura de poucos minutos na grade televisiva e poucos dias depois caiu no esquecimento. É possível imaginar quantos ataques terroristas não recebem a dignidade da cobertura televisiva e são condenados à sombra da informação e também da história. O ataque terrorista em Beirute, no dia 12 de novembro de

2015, teve cobertura marginal quando comparado aos ataques de Paris que ocorreram poucos dias depois. É inevitável pensar que para a mídia ocidental, e para o público em geral, existem categorias diferentes de «humanidade».

Embora diversos tipos de violência tenham se espalhado por todos os cantos, também sob formas cruéis e sanguinárias, o ataque terrorista impressiona pela exibição dramática da violência que se torna um evento simbólico, o que não surpreende. O agente do terror não busca um único objetivo concreto; para além, deseja capturar a atenção para veicular um sistema de significados e intensificar o efeito do terror. Raymond Aron captou bem essa vontade quando escreveu, em 1962, que uma ação pode ser considerada «terrorista» quando os resultados psíquicos superam os físicos.[21] Quanto mais simbolismos, maior é o impacto e mais potente é a mensagem. Portanto, todo ato terrorista deveria ser interpretado por seu ritual simbólico. Desde a data — por exemplo, 14 de julho, festa nacional francesa e dia do atentado de Nice, em 2016 — ao meio empregado — frequentemente o avião, símbolo de vitalidade econômica —, passando pelo edifícios visados — clínicas de aborto nos Estados Unidos, museus e resorts na Tunísia, hotéis no Egito, para atacar o turismo — até os sistemas informáticos — as veias do poder, mesmo que apenas no ciberespaço, atacadas pelos hackers — e os lugares de encontro, de trânsito, de diversão — shoppings, metrôs e boates, que até pouco tempo atrás eram a joia da sociedade do bem-estar. Por todo o seu valor sim-

---

21 R. Aron, *Guerre et paix entre les nations*. Paris: Calmann-Lévy, 1962. p. 176.

bólico, os ataques de Onze de Setembro não foram apenas dramáticos episódios de violência, mas também um drama espetacular.

Como transmitir a violência? A questão, ética e política, torna-se extremamente aguda quando se trata das imagens. Não é por acaso que as lentes das câmeras se apagaram em frente aos corpos desmembrados ou carbonizados das vítimas dos ataques de Onze de Setembro. A mídia ocidental, com algumas diferenças, não exibe a violência em toda a sua nudez e obscenidade macabra, que poderia provocar uma pornografia do desastre. A violência mediada pelos meios de comunicação se torna um espetáculo estetizado, tornado apropriado e apto para o público, praticamente inócuo. Porém isso não seria uma forma de censura? Um controle que, levado ao extremo, provoca uma negação do fato? A partir dessas questões surgiu um debate entre aqueles, como Baudrillard, que apontam o perigo de que a difusão das imagens possa causar uma sensação de rotina, suplantando a realidade, e aqueles que seguem outra direção, como Susan Sontag, e afirmam a exigência de mostrar as fotografias por seu valor ético, pela capacidade de envolver e de sentir simpatia pela dor alheia.[22]

Esse debate, junto com o tema da violência espetacularizada, foi parcialmente superado devido às novas tecnologias e ao uso sem escrúpulos a que se prestam. Tal fato marcou uma virada histórica para o terrorismo, que pôde se emancipar, em parte, da cumplicidade com a mídia tradicional. Se a câmera da televisão não está disponível, existe a alternativa da internet. É possível carregar

---

22 Cf. S. Sontag, *Davanti al dolore degli altri*. Milão: Mondadori, 2003. pp. 83 ss.

vídeos no YouTube, postar fotos no Instagram e gerenciar autonomamente sites para fazer propaganda.

O caso de Mohamed Merah, autor do massacre contra a escola hebraica Ozar Hatorá, em Toulouse, no dia 19 de março de 2012, causou profunda indignação não apenas na França. Um incendiário em busca de notoriedade, mas também com a intenção de mostrar ao mundo o cenário cruel que estava por criar, Merah filmou com uma câmera GoPro amarrada na testa todas as fases do atentado, inclusive aquela em que mata a sangue frio três crianças judias, e enviou o vídeo para a Al-Jazeera, que, depois de hesitar, decidiu não exibi-lo. A comunicação não se limita a potencializar o impacto, mas se torna a continuação do terror por outros meios.

Num universo repleto de câmeras de segurança e povoado por celulares, as janelas para o terror se multiplicaram a ponto de amplificar seu efeito traumático, deixando o público sobrevivente em estado de choque, e aumentar imensamente o poder do terror planetário. Violência cega e desejo de exibi-la o distinguem das formas precedentes de destruição que tentavam negar os rastros do crime. Desde o panegírico pela «jihad midiática» feito em 2003 por Ayman Al-Zawahiri, o ideólogo da Al-Qaeda, a jihadosfera nunca mais deixou de difundir as cenas de massacres, execuções, decapitações, crucificações, lapidações, transformando-as num importante instrumento de propaganda.

Por sua vez, o neocalifado possui agências de comunicação, entre elas a Al-Hayat Media Center, e dispõe de adeptos capazes de pilotar as novas armas digitais do terror. Provavelmente já se acumulou material suficiente para criar uma mediateca, tamanha a quantidade de vídeos que já foram exibidos e de publicações em diversas línguas que foram editadas.[23]

O cenário inclui o azul-claro do céu, o deslumbrante tom ocre do deserto ou o mar azul cor de chumbo. De um lado os sacrificados vestidos de laranja, uma referência a Guantánamo, do outro os sacrificadores que, com uniforme negro, sem nenhum distintivo, sem grau ou hierarquia, se preparam com gestos hieráticos para realizar o ritual. Com direção cuidadosa, o califado digital filma seus massacres e os envia, sem filtros, para o inimigo ocidental.

8. Carro-bomba

Atmoterrorismo, radioterrorismo, bioterrorismo, ciberterrorismo —: esses são os fantasmas do extermínio técnico que, junto com as bombas nucleares — o espectro dos espectros —, agitam o presente e perturbam o futuro. Um dia, não muito longe, as duas grandes ameaças do século XXI, o terrorismo global e as armas de destruição em massa, poderiam convergir numa parceria diabólica, produzindo uma explosão final e imprimindo o último ato da história humana.

Contudo, a relação entre terrorismo e técnica é mais paradoxal do que parece. Enquanto as armas de destruição em massa, do

---

23 Cf. as revistas *Dabiq*, *Isn News* e *Dar al-Islam*, que às vezes são suavizadas ou censuradas.

gás sarin à *netwar*, são elevadas à condição de ícones abstratos da imaginação estratégica pós-moderna, outra arma, mais simples e concreta, se tornou o veículo explosivo da engrenagem terrorista metropolitana: o carro-bomba.

Mas quando foi usado pela primeira vez? De que maneira essa técnica engenhosa e letal se desenvolveu? Num livro entusiasmante, Mike Davis traçou a genealogia do carro-bomba, que, desde sua criação até os dias de hoje, se revelou a «força aérea dos pobres».[24]

O sinal de meio-dia havia acabado de tocar quando Mario Buda, o anjo vingador dos anarquistas italianos, se dissolveu em meio à multidão de Wall Street após deixar numa esquina, em frente à J.P. Morgan & Company, uma carroça puxada por um cavalo. Mais tarde, a alguns quarteirões de distância, foram encontrados folhetos que pediam a libertação de presos políticos. Corria o dia 16 de setembro de 1920. Nicola Sacco e Bartolomeo Vanzetti haviam sido presos poucos meses antes. Dinamite roubada, uma pilha de sucata e um velho jumento foram os ingredientes utilizados por Buda para criar seu «veículo infernal» e disseminar um terror sem precedentes no templo do capitalismo norte-americano. A carroça se transformou numa massa incandescente e uma cratera surgiu no meio de Wall Street, enquanto uma densa nuvem de fumaça abraçou os arranha-céus. Houve quarenta mortos e mais de duzentos feridos. Quase nada restou da carroça, apenas a cabeça

---

[24] M. Davis, *Breve storia dell'autobomba: Dal 1920 all'Iraq di oggi, un secolo di esplosioni*. Turim: Einaudi, 2007. pp. 7 ss.

do jumento, um casco quebrado e alguns ferros retorcidos. Buda conseguiu voltar para a Itália e nunca mais foi capturado.

A ideia foi retomada pelos anarcossindicalistas catalães que, no dia 24 de abril de 1921, em Barcelona, a «cidade das bombas», roubaram um táxi e o encheram com explosivos, mas o táxi bateu num poste de luz e o atentado não teve êxito. Passados alguns anos, em 1927, Andrew Kehoe, um agricultor do Michigan cheio de dívidas, deu vazão à sua frustração explodindo uma escola. No início dos anos 1930, o «veículo infernal» voltou a ser utilizado com objetivos políticos contra o ditador Machado, em Havana, para onde o modelo terrorista havia sido importado de Barcelona. Com exceção de algumas tentativas improvisadas, o conceito de carro-bomba, o veículo anônimo capaz de passar despercebido e explodir seu carregamento nas proximidades do alvo escolhido, entrou para valer no cenário político da modernidade no dia 12 de janeiro de 1947, quando o Grupo Stern detonou um caminhão carregado de explosivos próximo a um posto de polícia britânico, em Haifa.

Desde então a bomba errante, por uma singular e ininterrupta reação em cadeia, voltando ao remetente e provocando inúmeros contragolpes, espalhou-se por todos os lados do globo. Vietnã, Irlanda, Estados Unidos, Líbano, Jordânia, Egito, Sri Lanka, Itália, Tchetchênia, Peru, Colômbia, Índia, Tailândia, Quênia, Nigéria, Turquia, Sérvia, França, Espanha, Grã-Bretanha — a lista ainda poderia continuar. Praticamente não existe mais nenhum lugar do planeta que tenha ficado imune, enquanto o número de carros-bomba continua aumentando de maneira exponencial. Como um «vírus implacável», destinado a se reproduzir ao infinito, o carro-bomba se tornou parte do DNA do mundo atual. Pode-se dizer que foi globalizado da mesma maneira que o iPod.[25] Embora tenha criado raízes nas fendas da hostilidade étnica e religiosa, tenha prosperado nos desertos da desigualdade e nas misérias do ressentimento, o «veículo infernal» se estabeleceu principalmente nos centros urbanos e nas metrópoles, onde deixou um enorme rastro de morte e destruição. De Belfast a Damasco, de Bogotá a Palermo, de Nova York a Londres, o carro-bomba fez seu caminho abrindo crateras nas cidades de todo o planeta. Nos últimos anos, desde a invasão do Iraque em 2003, Bagdá se tornou a fábrica global do carro-bomba, superando até mesmo a concorrência de Cabul, que durante muito tempo manteve um triste recorde. Antes uma marca exclusiva do Hezbollah, os caminhões-bomba se difundiram pouco a pouco pelo Oriente Médio, até violar de forma violenta as fronteiras europeias.

A plasticidade do automóvel não se refere somente à carga explosiva, mas também à possibilidade de ser adaptado a diferentes situações. O motorista pode abandonar o veículo antes da explosão ou se manter ao volante até sua morte, pode usar vários tipos de automóveis ou recorrer a furgões e caminhões, pode utilizar desde explosivos sofisticados até fertilizantes sintéticos ou até mesmo não carregar explosivos. Em resumo: a facilidade, seja para encontrar os ingredientes, seja para preparar os explosivos, explica a difusão planetária do carro-bomba, capaz de oferecer oportunidades iguais para todos os interessados em cometer atentados terroristas.

---

25 Ibid., p. 10.

Por sua vez, a troca de experiências e *know-how* constitui uma história na história.

O carro-bomba — uma arma invisível, dotada de enorme potencial destrutivo e capaz de fazer muito barulho, que proporciona um vasto e incontestável eco do terror — é um instrumento fácil de encontrar no mercado, e se presta a um atentado relativamente simples de ser planejado e executado, um ataque que é uma carnificina em massa, destinado a manchar seu autor, quase sempre anônimo, com o sangue das vítimas inocentes. Por isso, Davis o define «intrinsecamente fascista», retomando a figura de seu progenitor, Mario Buda, que quando chegou à Itália aliou-se a Mussolini.[26] Talvez a carroça de Buda representasse o ápice das antigas fantasias anárquicas, que tinham por objetivo explodir reis, tiranos e plutocratas. Mediante perversas metamorfoses que deram origem a um monstro, alimentado por inúmeros massacres e fomentado por estratégias míopes, a sequência da bomba errante, que começa em 1920 e continua em 2017, corre paralelamente àquela que segue de 1878 a 1932 e vai além. Paralela e distante porque não se parece em nada com gestos, ainda que violentos, como o de Yanek Kaliayev, que renunciou a um atentado contra o grão-duque quando percebeu que duas crianças estavam próximas a ele. Em seu drama *Os justos*, Albert Camus evocou, sem idealizá-los, esses revolucionários da Rússia czarista que, assim como seus herdeiros, nunca seguiram a lógica do terror cego.

Pelo contrário, o terrorismo atual, ao mesmo tempo cego e em busca de visibilidade, golpeia de maneira indiscriminada, utilizan-

---

26 Ibid., p. 16.

do um arsenal construído em casa, graças aos híbridos tecnológicos — carro-bomba, celular, internet —, como aquele que funcionou durante os ataques de Paris do dia 13 de novembro de 2015, e que permite sincronizar explosões em diferentes partes do mundo sem uma hierarquia e sem ordens que vêm do alto. Uma vez que a internet tornou os novos terroristas independentes da mídia, a imagem do carro-bomba, em todas as suas diferentes formas, é hoje aquela superforça tecnológica que por um lado leva os analistas a falar de estratégia de «quarta geração» enquanto admitem a própria impotência, e por outro mostra a periculosidade plástica do mundo globalizado, a verdadeira arma de destruição em massa.

9. Explosões, massacres, decapitações

Cadáveres estraçalhados, fiapos de carne, restos carbonizados, fragmentos de um corpo que explodiu para explodir outros. Muito mais que uma simples matança. Quem levou a cabo aquele ato queria desmembrar a vítima, deturpar a singularidade de suas formas, destruir sua dignidade. Depois do caos nada mais é reconhecível, nada mais pode ser reconstruído, a tal ponto que não apenas a identificação dos cadáveres, mas também o enterro se tornam dolorosos e quase impossíveis. Parece já não haver traços de humano em meio àquele espetáculo difícil de assistir, em que os corpos se confundem, em que a troca de membros, até mesmo entre vítimas e carrascos, não é infrequente. Algumas vezes, enquanto o abdômen do terrorista se desintegra devido ao cinto de explosivos, a cabeça fica intacta. Desgosto e repulsa são desejados e fazem parte do terror.

Porém as carnificinas sempre existiram. A desumanidade é humana. Por que se escandalizar agora? No fim das contas, qual seria a diferença dos cadáveres queimados pelas bombas incendiárias? Imagens de um mundo longínquo, tornado ainda mais distante pelo filtro da tela de computador ou da televisão, de repente se tornam realidade. O cruel açougue de massa chegou até a metrópole e é isso que provoca desconcerto, porque a lei não escrita da modernidade proíbe atos manifestamente cruéis no espaço público. «Seria mais difícil hoje», escreveu Canetti, «condenar publicamente uma única pessoa a morrer queimada na fogueira do que começar uma guerra mundial.»[27]

O terror viola essa lei e rouba prepotentemente a cena. Extermínios limitados a cidades com nomes exóticos, Cabul ou Bagdá, Mossul ou Alepo, massacres considerados incêndios a ser apagados, surtos de incivilidade a ser domesticados, invadem o coração da urbanização ocidental. A vida não será mais a mesma. As disposições aprovadas emergencialmente pela política não são suficientes para aplacar a preocupação generalizada. Aversão e medo, insegurança e angústia se alternam num crescendo em sintonia com a orgia da destruição que se espalha. O terror ultrapassa todos os limites.

É possível, em tempos de paz, morrer perfurado por um *kalashnikov* na mesa de um bar? Sucumbir sob os golpes de um machado no vagão de um trem de alta velocidade? Num mundo que

---

27 E. Canetti, *La coscienza delle parole*. Milão: Adelphi, 1984. p. 36.

nunca foi tão armado, o transeunte, em geral destinado a desaparecer na indiferença, pode se transformar de repente num soldado da hostilidade absoluta, num fora da lei planetário, pronto para eliminar quem estiver num perímetro próximo. Segue o mote «mato, logo existo». Uma vez que não há um fronte específico, qualquer lugar pode se tornar campo de batalha: um mercado, uma estação ferroviária, um campus universitário, um resort turístico, um restaurante, uma embaixada, uma igreja, uma praia, uma escola, um aeroporto, uma discoteca, um shopping. O terror busca uma violência demonstrável, quase autocelebrativa, que requer um cenário à altura da ressonância midiática. Dessa forma, o que antes eram espaços de convívio se tornou lugares de risco.

Uma vez definido o perímetro da ação, o terror ostenta seu poder destrutivo declarando-se soberano naquela área mortal. Sob o signo da assimetria, não luta, utiliza a atrocidade da guerra, mas não respeita suas regras, não tem respeito por ninguém porque é totalitário, não é seletivo, entrega-se à arma da punição sumária condenando a vítima a uma humilhante morte anônima, que se torna ainda mais insensata devido ao princípio do «qualquer um» e ao esquema da «substituibilidade».

Tiros por todos os lados, gritos aterrorizados: a fúria homicida ataca sem aviso prévio e não espera por respostas. O objetivo do terrorista, quer esteja sozinho ou acompanhado, é a violência imediata.[28] O corpo a corpo cede espaço à rígida frieza do metal

---

28 Sobre a violência sistemática da tortura, cf. D. Di Cesare, *Tortura*. Turim: Bollati Boringhieri, 2016.

que penetra a nudez indefesa da carne. Ódio cultivado há tempos, lúcido processo de convencimento, raiva ou depressão, fanatismo ou desejo de vingança, traumas ou conflitos familiares: os motivos se misturam e se confundem sem uma explicação plausível, porque cada história possui características específicas. Talvez por isso apenas os escritores ousaram seguir, em seus pensamentos e emoções, o protagonista do crime. Formando uma única figura com sua arma automática, cujo disparo parece libertá-lo de qualquer peso e vínculos de culpa e de moral, quase se funde com a violência que o leva em direção à vertigem da liberdade absoluta. Mata por matar, enquanto perde o temor da própria morte. Seu ser se dilata, o raio de seu corpo se expande ao mesmo tempo que destrói o mundo à sua volta, até que, nessa dança estática, deixa triunfalmente para trás sua existência.

«Decapitação» é uma palavra arcaica, impossível de pronunciar no espaço público. A mídia, envergonhada, não a utiliza. Uma vez que a imagem do suplício não é transmitida, a palavra se torna tabu. O Estado Islâmico «degolou» o jornalista americano. A CNN rompe o tabu quando, no dia 20 de agosto de 2014, dá a notícia do vídeo que mostra a execução de James Foley.[29] Próximo ao repórter, ajoelhado e com uma roupa laranja — numa cena que ficou marcada na memória coletiva —, aparece um jihadista vestido de preto que, com um impecável sotaque britânico, intima Obama

---

29 J. Mullen, *Beheading of American Journalist James Foley Recalls Past Horrors*. CNN, 20 ago. 2014. Disponível em: http://edition.cnn.com/2014/08/19/world/meast/isis-james-foley/.

a interromper os ataques aéreos enquanto mostra um facão. O carrasco com o rosto coberto, conhecido pelo apelido de Jihadi John, cujo nome verdadeiro é Mohammed Emwazi, foi morto em novembro de 2015, próximo a Raqqa, depois de um ataque com um drone Predator; a revista oficial do Estado Islâmico, *Daqib*, confirmou sua morte.

Não é necessário contornar a censura e se expor à vigilância dos serviços secretos para ver o vídeo inteiro e sentir a crueldade ostentada pela execução que alguns chamaram de «pornopolítica».[30] Quando se analisa profundamente, o ritual da decapitação, retomado com o Onze de Setembro, tem uma história de mais de dez anos. A primeira vítima foi o jornalista judeu norte-americano Daniel Pearl, raptado no dia 23 de janeiro de 2002 e decapitado depois de nove dias. Depois foi a vez de Nick Berg, em 2004. As atrocidades, como se sabe, são removidas, embora os fantasmas continuem a pairar.

O que é ofensivo naquela cena arcaica, publicada na internet, não é apenas a decapitação, mas também o ritual camuflado de sacralidade. A cabeça decepada, cujo símbolo na mitologia grega é a Medusa, capaz, devido à sua repugnância, de petrificar, é o *memento mori*. Naquela cabeça com os olhos rolantes, o olhar sem vida, a feição contorcida, se percebe por um momento a própria morte. Portanto, a exposição de cabeças decepadas é troféu e ameaça ao mesmo tempo. A guilhotina, inaugurada no dia 25 de abril de 1792

---

30 Cf. P.-J. Salazar, *Parole armate: Quello che l'Isis ci dice. E che noi non capiamo*. Milão: Bompiani, 2016. pp. 119 ss.

na Place de la Grève, em Paris, mecanizou a execução com uma técnica aperfeiçoada, deixando de lado o artesão do tormento. No início da idade moderna, quando a decapitação era a pena mais difundida, o carrasco era considerado, de certo modo, um artista da espada, do machado ou do cutelo, apesar de raramente conseguir cortar a cabeça com apenas um golpe. Em geral, o carrasco, aquele braço executivo do poder, era envolvido por uma aura de terror sacro.

Os executores do Estado Islâmico cortam a cabeça com um facão, seguindo um ritual ainda mais antigo que o da guilhotina, mas fazem referências simbólicas àquela decapitação friamente racional. O jihadista se veste de carrasco para fazer as vezes do sacrificador. Contra o pano de fundo do céu e do deserto, destaca-se sua figura num imponente papel teológico-político, uma vez que exercita um poder militar seguindo a liturgia do sacrifício. Como se fosse um oficiante, ele lembra ao cidadão moderno a presença oculta da soberania sagrada, que permanece no fundo escuro. Adverte-o de que, quando tal soberania nunca rompeu a ligação com o sacrifício, o dispositivo do terror poderia decidir sua eliminação. Apenas eliminá-lo, não sacrificá-lo, visto que por trás da fachada do cidadão floresce o *homo sacer*. Pode ser apenas morto, não sacrificado. O terrorista vê em sua vítima a imagem ao contrário de si mesmo: enquanto ele é sacrificável mas não eliminável, sua vítima é, ao contrário, eliminável mas não sacrificável.

A soberania sagrada é a soberania de Deus que a modernidade secularizada tentou eliminar. Os sacrifícios em série são, portanto, uma resposta a um mundo que, antes mesmo de proclamar que «Deus morreu», decapitou sua soberania, deixando um vazio inquietante na democracia. É nesse momento que os jihadistas entram em cena para desafiar os ateus que ousaram decapitar a ordem divina. Aqueles burgueses iluminados, que quiseram cortar a cabeça do Soberano, agora deverão tomar cuidado com a própria cabeça. E esse desafio possui uma amplitude filosófica. As execuções frias e sistemáticas remetem à Revolução Francesa, sobretudo à cultura dos iluministas, que tentaram circunscrever tudo, inclusive a religião, «nos limites da razão simples». É um ataque à cabeça da modernidade, que pensou ser possível tornar soberana a razão, mas que, ao rejeitar a religião, se prostrou diante dos ídolos do progresso, do dinheiro e da técnica. Com suas maneiras sanguinárias e espetaculares, remetendo-se a uma violência divina para exercer, porém, uma violência mítica, o jihadista lança sua provocação levantando o tema da soberania decapitada.

10. Vulnerabilidade, ou sobre a inocência perdida

Não é apenas o sentir-se fora do mundo que marca a existência na complexa época da globalização. Há anos os filósofos falam de vulnerabilidade para indicar que, além de não se sentir mais em casa no mundo, existe também uma exposição, na abertura planetária, a um *vulnus*, uma ferida que pode ser infligida sem motivo, uma ofensa que atinge de repente. Depois de Levinas, que em memória dos extermínios do último século elevou a vulnerabilidade a categoria filosófica, para fazer um apelo à responsabilidade exigida pela ausência de proteção, o tema foi retomado por Judith Butler logo depois do Onze de Setembro, quando se perguntou sobre a vida num mundo permeado por uma agressividade sem precedentes.[31] O que parece ser desconcertante é justamente o regresso de um horror antigo que se renova, de uma violência que já não deveria ter lugar no universo da civilidade e que se abate sobre os desamparados. Adriana Caravero estabeleceu a diferença entre «desamparado», que não consegue se defender porque está temporariamente desarmado, e «vulnerável», que indica a condição a que cada um está entregue.[32]

A morte do desemparado em um dos inúmeros atentados, o do Promenade des Anglais em Nice, o do Mercado de Natal em Berlim, impõe uma reflexão sobre a violência que não discrimina e que, como alguns observaram, parece ter herdado traços «genocidas»,[33] no sentido de que os carrascos matam as vítimas pelo que são e não pelo que fazem. Sendo assim, o terror global teria desterritorializado o genocídio, o que é verdade apenas em parte, visto que o termo «genocídio» não é adequado porque nos ataques do Estado Islâmico não se distingue o *ghénos*, a linhagem.

....

31 Cf. J. Butler, *Vite precarie: I poteri del lutto e della violenza*. Roma: Meltemi, 2004. pp. 53 ss. Cf. Id., *Critica della violenza etica*. Milão: Feltrinelli, 2006. pp. 95 ss.

32 Cf. A. Cavarero, *Orrorismo ovvero della violenza sull'inerme*. Milão: Feltrinelli, 2007. pp. 41 ss.

33 Cf. R. Rechtman, «L'ambition génocidaire de Daech». In: TRUONG, N. (Org.). *Résister à la terreur*. Paris: Le Monde-Nouvelles éditions de l'Aube, 2016. pp. 105-11.

Seria melhor falar de um terrorismo homicida que, para além da classe, da linhagem, da fé e também da forma de vida, nega às próprias vítimas o direito de existir simplesmente por se encontrarem naquele instante num local que foi designado para a purificação apocalíptica.

Culpado de absolutamente nada, a não ser pelo lugar que seu corpo ocupava naquele momento, o desamparado, que revela toda a sua vulnerabilidade, é o inocente que se vai anonimamente envolvido numa massa de membros deformados e restos irreconhecíveis de carne. O massacre é essa totalidade desconexa que reproduz, porém, a ordem desumana de que a vítima fazia parte, aquele todo indissolúvel do qual cada um representa uma pequena parte, num tecido compacto, uma rede finamente tecida. Explodi-la envolve «efeitos colaterais» não muito diferentes, no entanto, daqueles provocados por um drone.

Globalização significa viver numa sociedade com responsabilidade ilimitada, ou com irresponsabilidade ilimitada, dependendo da maneira confiante e exortativa, ou cínica e resignada, com a qual se interpreta o fenômeno. O medo é a inocência perdida. Cada um é ao mesmo tempo semi-inocente e semiculpado pela quebra da responsabilidade. É possível que, por meio de uma série ininterrupta de causas, uma pequena vantagem minha aqui se traduza na agonia de alguém em outro lugar. É possível até mesmo sermos responsáveis pela morte de outros — inconscientes e, no entanto, culpados.

A violência do sangue quente que invade as ruas e as praças transforma as metrópoles ocidentais em cidades-refúgio. Nada, porém, é capaz de proteger do «vingador do sangue», o *goèl ha-dàm*, come se diz em hebraico, essa figura bíblica tão atual que parte de lugares desolados e se transforma em espírito da revolta, cólera popular, simples delinquência, antes de vestir a sombria máscara do terror.

11. A ética negada do refém

«Não queria me virar para não ver a morte na minha cara. Tinha certeza de que iria morrer.» Assim conta Sigolène Vinson, a jornalista que sobreviveu ao massacre do *Charlie Hebdo*, no dia 7 de janeiro de 2015.[34] Um grito à distância, «*Allahu Akbar!*», depois tiros atrás de tiros, rajadas ininterruptas. Sobrepõe-se então um silêncio de morte depois dos gritos de desespero, dos gemidos de sofrimento e da respiração descontínua dos moribundos. O cheiro de pólvora impregna o ar. Ela busca refúgio atrás de uma mureta, ao lado dos corpos cheio de sangue dos amigos. Sons de passos que se aproximam. Um dos terroristas a obriga a se ajoelhar, apontando-lhe o *kalashnikov*. Está todo vestido de preto e usa um capuz para cobrir o rosto. «Levantei o olhar. Ele tinha olhos muito escuros», lembra-se Sigolène Vinson, «e uma expressão doce.» O homem que

---

34 S. Seelow, «C'est Charlie, venez vite, ils sont tous morts». *Le Monde*, 13 jan. 2015. Disponível em: http://www.lemonde.fr/societe/article/2015/01/13/c-est--charlie-venez-vite-ils-sont-tousmorts_4554839_3224.html.

está à sua frente, pronto para matá-la, é Saïd Kouachi. Inicialmente ele parece seguro. Ela, porém, não desvia o olhar, fixo, sem ódio e sem medo, e vê sua expressão mudar. De repente, Saïd perde a compostura e lhe diz: «Não tenha medo. Acalme-se. Não vou te matar. Não se matam as mulheres!». No entanto, a psiquiatra Elsa Cayat havia acabado de morrer sob os tiros de seu fuzil.

A carnificina foi interrompida pelos olhos que, num momento inesperado, se encontraram. A violência é pausada. O terrorista demonstra uma fraqueza humana por trás da máscara férrea do terror, enquanto a vítima desamparada descobre, de maneira quase inconsciente, que possui uma arma potente — seu olhar. Saïd Kouachi, esse «herói negativo», destinado à insignificância, condenado a ser uma sombra que passa sem deixar rastros na indiferença implacável dos outros, encontrou, naquele instante extremo, um reconhecimento, mesmo que trágico. Alguém o olhou, sem considerá-lo um nada, mas sim como um outro, que não é ignorado ou desprezado, numa assimetria invertida, com olhos que, de baixo para o alto, lhe contestam e suplicam. Outra vida está em suas mãos. Talvez não gostasse nem mesmo de ter esse poder, quase inumano, divino — ou melhor, demoníaco. O reconhecimento daquele olhar, quando por fim entende o valor de sua vida, interrompe seu gesto de morte. Talvez, em toda a sua breve e fútil existência, aquela tenha sido sua única vitória, o único miserável triunfo.

Depois desse episódio, Saïd Kouachi, com seu irmão Chérif, continuou a semear terror e morte. Depois de ficarem barricados numa tipografia em Dammartin-en-Göele, na região norte de Paris, foram mortos por volta das cinco horas da tarde do dia 9 de janeiro, pela polícia francesa. O cerco se concluiu em pouco menos de dez minutos, enquanto os dois terroristas descarregavam as últimas balas dos *kalashnikov*. O êxito da operação policial foi recebido com sucesso pela opinião pública. Contudo, não é óbvio que a execução tenha sido escolhida em vez da prisão, como se todos os tribunais fossem negados *a priori* àqueles dois jovens terroristas franceses, culpados de crimes tão desumanos a ponto de serem julgados indignos de qualquer tipo de redenção. No entanto, um tribunal em Nuremberg foi concedido até mesmo para os criminosos nazistas. Deve-se pensar então que para os terroristas é válida a regra tácita segundo a qual é sempre preferível eliminá-los. A execução de Saïd e Chérif foi aceita como um fato inevitável, enquanto o mundo inteiro, com as palavras resumidas na *hashtag* #jesuischarlie, se mobilizava em defesa da democracia e da liberdade de expressão.

Órfãos entregues ainda jovens a um orfanato, nascidos em Paris de pais argelinos, Saïd e Chérif Kouachi praticamente dividiram os papéis que lhes foram concedidos pela vida: sério e silencioso, Saïd não bebia, não fumava, não era mulherengo e possuía um certo carisma; turbulento e vivaz, Chérif adorava futebol e rap, e não fugia de uma briga quando tinha a oportunidade. Eram ligados por uma relação quase simbiótica.[35] Contudo, a adesão ao jihadismo não era óbvia. Chérif frequentava a mesquita da rua Tanger, onde encontrou o pregador Farid Benyettou, que recrutava combatentes para a Al-Qaeda. Num documentário relatado pelo jornal *Le Pa-*

---

35 Cf. M. Van Renterghem, «Les frères Kuoachi, une jeunesse française». *Le Monde*, 13 fev. 2015.

risien, Chérif narrou as etapas de sua aprendizagem para a guerra no Iraque: «Ele nos falou sobre as vantagens dos ataques suicidas. Graças a ele, minhas dúvidas foram respondidas. [...] Farid forneceu uma justificativa para a minha futura morte». Contudo, perto da data de sua partida, depois de uma ação da polícia, Chérif foi preso na prisão de segurança máxima de Fleury-Mérogis. Quando deixou o presídio, após dezoito meses de cárcere, Chérif não era mais o mesmo. Durante a reclusão, conheceu Amedy Coulibaly e começou uma amizade com Djamel Beghal, considerado uma das mentes do terrorismo islâmico. Apesar da vigilância dos serviços de inteligência antiterrorista, em 2011 partiu para o Iêmen, onde seu irmão Saïd o encontrou mais tarde. Em 2014, os celulares de ambos passaram a ser controlados, mas sete meses antes do atentado contra o *Charlie Hebdo*, uma vez que não surgiu nenhum tipo de atividade terrorista, as interceptações foram suspensas. Essa é, resumidamente, a história dos irmãos Kouachi. Uma história marcada por pequenos atos de delinquência, encontros perigosos, uma prisão que paradoxalmente abre um novo sentido para a vida, até o ápice, a morte, infligida a si e aos outros, em nome de um martírio inútil. Um nome e duas faces especulares do «herói negativo».

O que aconteceu durante o ataque ao *Charlie Hebdo*, quando o *kalashnikov* de Saïd Kouachi parou diante do olhar de Sigolène Vinson, exige uma reflexão mais profunda. Por que sequestrar pessoas se qualquer tipo de troca é impossível, se a negociação já nasce sem sentido? Para além da estratégia fatal, indicada por Baudrillard, para além daquele desafio mortal que paralisa o sistema, surge a enigmática figura do refém. Talvez a ação violenta com a qual o terrorista toma alguém como refém tenha um significado, mesmo que oculto e inconfesso, que poderia, com um pouco de ousadia, ser considerado ético. E, se por outro lado a ética também é um ponto de vista, entende-se por que um olhar tenha sido decisivo.

Uma sugestão foi proposta por Levinas, o qual elevou a palavra «refém» a uma hipérbole — junto com «obsessão», «trauma», «substituição» etc. — que teria como objetivo articular a passividade constitutiva do sujeito. Longe da agitação provocada pelas lembranças e da inquietação dos remorsos, o sujeito moderno cresceu com a beleza da liberdade ocidental, propondo a reivindicação secular de se tornar o legislador do universo, o soberano preocupado apenas com sua soberania, que se desarma diante da morte. Com sua soberba prioridade, sua autonomia ilusória e sua identidade enfática, esse sujeito detestável, sempre vitorioso sobre as diferenças alheias, acreditou ser capaz de se impor como sujeito absoluto, desvinculado de qualquer tipo de responsabilidade. Como se a responsabilidade fosse um atributo acidental, da qual o sujeito pode escapar, prosseguindo com a própria existência. Levinas inverte os termos: a responsabilidade não é um suplemento, mas sim o objeto constitutivo da existência. É por isso que leva o sujeito, tão cheio de si, tão imperialisticamente egocêntrico, à sua passividade extrema, à sua existência oferecida ao outro, entregue a mãos alheias. «O sujeito é refém.»[36] A responsabilidade precede sua possibilidade de existir. Sem o outro, o eu nem mesmo existiria. Antes de mim existe

---

36 E. Levinas, *Altrimenti che essere o al di la dell'essenza*. Milão: Jaca Book, 1983. p. 140.

sempre o outro que me convoca, me interroga, e ao qual tenho de responder, sem que haja possibilidade de escolha, pois é na relação com o outro que o eu se constitui. A responsabilidade precede a liberdade e é anárquica, sem princípio e sem comando, podendo ser pontuada pelo termo hebraico *hineni*, «eis-me aqui», com o qual na Torá se anuncia o *eu*, respondendo a tudo e a todos. Porque é refém de cima a baixo, «mais antigamente que o ego», antes dos princípios. «É por meio da condição de refém do ser humano que existem no mundo piedade, compaixão, perdão e proximidade.»[37]

A condição de refém não representa um caso limítrofe, mas sim a condição irreparável de cada um, que, entretanto, está sujeito — uma vez que é submetido ao peso da responsabilidade — a suportar o peso também daquilo que lhe é aparentemente indiferente, que não lhe diz respeito. O eu está sempre em questão, e é ainda mais assim quando cruza com o olhar do outro, a infinidade de sua feição que, com sua nudez, do fundo dos olhos indefesos, paralisa seu poder e o bloqueia, invocando a palavra em que toda a obrigação é sintetizada: «Não me matarás».[38]

Na embriaguez do desinteresse, tentou-se escapar do peso da responsabilidade. Por que justo eu? Sem pensar que esse fardo é a suprema dignidade humana. Como se eu fosse intercambiável, substituível, como se eu desse o aval de minha superfluidade. No cruel mundo do atentado terrorista se esconde, indecifrado e não

---

37 Ibid., p. 148.

38 Cf. E. Levinas, *Totalità e infinito: Saggio sull'esteriorità*. Milão: Jaca Book, 1986. p. 205.

revelado, este comunicado: eu o faço refém porque você não cuidou de mim, porque durante minha dificuldade de adaptação você não me acolheu, porque, abandonando-me em minha insignificância supérflua, você continuou seu caminho com indiferença soberana. A tomada de reféns é a destituição violenta do eu soberano. É o gesto raivoso pelo qual o eu é devolvido à culpa que pretendia enganar, à expiação que queria evitar. É a rejeição de uma rejeição, um «não», extremo e apocalíptico, a quem recusou o irrecusável.

Mísera satisfação que dura um breve momento, com a qual se busca a redenção de uma vida, de um reconhecimento, sempre almejado, da própria existência, de seu significado para os outros, que se esgota naquela posição de poder, com o fuzil apontado contra a testa do refém. É uma posição que não se limita a depor o eu soberano, mas busca também a mesma soberania, numa inversão que não tem nada de revolucionária, mas que reitera a própria rejeição. Até que, no instante em que exerce a soberania absoluta de decidir sobre a vida e a morte, se revela aos seus olhos o rosto do outro, que o implora, reconhecendo-se refém, e então o rifle é abaixado.

12. O futuro nos tempos do terror

Até pouco tempo atrás, o futuro era preenchido pela espera de um «futuro melhor». No entanto, junto com as esperanças compartilhadas, que uniam e fortaleciam as relações, desapareceu também o «futuro melhor». Seja pelo desencadeamento de uma guerra planetária, um desastre ecológico, uma crise financeira, a enorme imigração, mas também pela precariedade que envolve e angustia a existência, a violência que, nas formas mais sutis, se manifesta além do limite instável da esfera privada, o futuro é hoje o momento que se aproxima de uma catástrofe iminente. Mas foi o terror a mudança fundamental que modificou para sempre a relação com o tempo que está por vir. Não é preciso ser um adivinho para decifrar o que seria de outra maneira indecifrável. Na espera pelo próximo ataque prevalece a certeza de que o pior ainda não aconteceu.

Se o futuro se destaca ameaçador no céu poluído, o presente nada mais é do que a fortaleza de privilégios residuais e da satisfação final, antes que tudo desmorone. O melhor seria, portanto, que nada mudasse. Em vez do «sim» incondicional ao que virá, condição necessária de toda promessa e de toda expectativa, prevalece um «não», frágil e, no entanto, teimoso, no qual se condensa a única e secreta expectativa que ainda resta: a repetição do mesmo, a dança sedutora e macabra do eterno retorno. Mas a espera — como ensina o *Zaratustra* de Nietzsche — cede espaço à recordação, sofrida e trágica, do passado, enquanto naquela nostalgia desaparece a adesão à existência que, quando emerge, deve incessantemente se projetar para além. O terror do futuro atinge a existência em sua essência.

A gravidade dessa relação inédita com o tempo pode ser percebida na necessidade de análises e previsões, no frenesi para controlar o tempo e na inquietação para governar o futuro. Mas essa fuga no cálculo do amanhã não consegue esconder a paralisia provocada pela expectativa carregada de apreensão e angústia. O imprevisto exibe sua carga negativa, o imprevisível expõe sua mais sombria e imponente hostilidade. O que está por vir, que sempre tem um amanhã, se fecha num futuro cauteloso, desconfiado e entrincheirado no imediatismo do presente, um tempo sem amanhã, que tem a aparência de um futuro anterior. Em tal horizonte, no qual a desconfiança, o medo e a raiva caracterizam as relações, o outro não entra em cena carregando consigo a alteridade, mas paira no ar com a obsessão asfixiante do terror.

Mas não seria esse o efeito desejado? Precisamente porque olha para o futuro, o terror pode dominar. O futuro do terror está contido no terror do futuro. Se por meio da intimidação consegue ameaçar e dominar, é porque faz uso dessa arma, a mais aterradora, que vem do futuro e é voltada para o futuro. A ferida não pode ser cicatrizada porque não é circunscrita apenas ao passado. Se assim fosse, bastaria tratar o trauma para mudar a página. Mas o terror, como bem observou Derrida, «mantém aberta a ferida sobre o que está por vir».[39] O que aconteceu voltará a se repetir — com a mesma cruel imprevisibilidade. Tudo vai acontecer de novo.

A física do terror, que se conserva na casualidade imprevisível do tempo, age estrategicamente para atingir também as vítimas em potencial. Dessa maneira o terror se mantém alerta, sob fogo, buscando, porém, uma adaptação perpétua. O futuro se torna o tempo da violência, que se expande até coincidir com o ritmo cotidiano da vida. Além do simples cidadão, a própria vida é afetada e lesada por esse novo capítulo de história da destruição humana.

---

39 G. Borradori (Org.), *Filosofia del terrore: Dialoghi con Jürgen Habermas e Jacques Derrida*. Roma-Bari: Laterza, 2003. p. 104.

Capítulo 4
SOBRE A INSÔNIA DA POLÍCIA

Em nossos subúrbios e periferias, não vemos mais a efígie de Che Guevara, mas a de Bin Laden.[1]

Régis Debray, «Le Passage à l'infini»

A vanguarda do terror se tornou a perversa, espetacular e eficaz oposição à modernidade, e diz aos modernos verdades que nenhuma linguagem da razão se permitiria dizer.[2]

Michael Watts, «Revolutionary Islam»

1. Choque de civilizações, luta de classe ou guerra «sacra»?

Três paradigmas prevalecem na interpretação do terrorismo atual: o «choque de civilizações» — de acordo com a feliz formulação de Huntington —, a luta de classes — mais especificamente,

---

1 R. Debray, «Le Passage à l'infini». In: LAVENIR, C.; HUYGHE, F.-B. (Orgs.). *La scène terroriste. Cahiers de médiologie*, 13 (2002), pp. 3-13, p. 13.

2 M. Watts, «Revolutionary Islam: A Geography of Modern Terror». In: GREGORY, D.; PRED, A. *Violent Geographies: Fear, Terror, and Political Violence*. Nova York: Routledge, 2007. pp. 175-204, p. 198.

a ideia de que são as fortes desigualdades econômicas que alimentam a violência — e, por fim, a guerra «sacra» que questiona a religião. Os três paradigmas, mesmo contendo boas intuições e ideias frutíferas, se revelam inadequados e fornecem uma visão simplificada, às vezes perigosamente redutiva, de um fenômeno muito complexo.

O terrorismo está diretamente ligado à globalização, da qual não é apenas efeito, mas também, de certa maneira, um vetor de condução. Se por um lado proclama sua negação ao mundo unificado, por outro dissolve as fronteiras, apaga os limites e anula as diferenças entre guerra e paz, militares e civis, emergência e normalidade. O terrorista é um agente da hibridização. A cena macabra da autoexplosão é muito simbólica: ao deflagar, o «mártir» fragmenta seus próprios membros e os de outros indivíduos, provoca uma mistura de sangue e corpos, até impedir a identificação dos cadáveres. Confunde, dissimula e mimetiza a identidade.

Isso explica por que é difícil encontrar uma definição peremptória para o «terrorista», a não ser que se caia num dos inúmeros atalhos que o transformam num monstro psicopata. Ao contrário, é possível fornecer várias interpretações, todas parciais e sumárias: os terroristas são vítimas da crise econômica, provas vivas do naufrágio do processo de integração, agentes em busca de celebridade, filhos da internet e dos videogames, produtos da sociedade do espetáculo. A lista é praticamente infinita.

Ao descrever o «choque de civilizações», Huntington teve como único mérito, conforme notou Appadurai, o fato de conseguir compreender em tempo o sentimento de inimizade que se estava difundindo no mundo islâmico contra o Ocidente.[3] No entanto, é inaceitável sua ideia monolítica de «civilização», da qual a história é expurgada. Como se o Ocidente — para se limitar à filosofia — não estivesse em dívida com o islã pelos textos aristotélicos, e como se o misticismo islâmico fosse imaginável sem Platão. No mundo globalizado, a imagem de dois blocos monolíticos, além disso circunscritos por meio de critérios de raça, de território, de religião, parece não apenas errática, mas também nociva. O efeito mais imediato e mais claro é o de condenar o eclético mundo muçulmano, acusando-o de ser arcaico e antiprogressista.

Mais do que «choque de civilizações», seria mais correto falar de uma civilização permeada por choques que atravessam o planeta e produzem surtos de uma guerra de baixa intensidade. Para isso contribuiu de maneira predominante o poder incontrolável do capitalismo global, que, ao favorecer um pequeno grupo de vencedores, deixou para trás massas de perdedores, não apenas excluídos de qualquer possibilidade de emancipação, mas também profundamente humilhados. Contudo, desconforto, pobreza e desemprego também não são causas diretas, molas que forçam imediatamente aquela escolha extrema e que poderiam esclarecê-la. Nem mesmo a justiça social, durante muito tempo a bandeira de organizações combatentes, hoje é explicitamente reivindicada. Os pobres são as primeiras vítimas do terror. Não é apenas o papel

---

3 A. Appadurai, *Sicuri da morire: La violenza nell'epoca della globalizzazione*. Roma: Meltemi, 2005. p. 111. Cf. S. Huntington, *Lo scontro delle civiltà e il nuovo ordine mondiale: Il futuro geopolitico del pianeta*. Milão: Garzanti, 2000.

ambíguo de países como Arábia Saudita e Kuwait que escondem outros interesses.[4] A questão se torna bem mais complicada quando se consideram os fluxos do capital financeiro e do terrorismo transnacional que, favorecidos pela mesma estrutura reticular, beiram a cumplicidade. Basta pensar no gigantesco tráfico de armas.

Não menos redutivo é o terceiro paradigma, que interpreta o terrorismo como sinônimo de fundamentalismo, uma peripécia semântica injustificada e que provoca graves desentendimentos. É possível ser fundamentalista, radical ou radicalizado sem ser «terrorista». Daí a culpar o islã é um breve passo. A islamofobia está ao alcance. Porém, se o alvo é o islã, por que deixar de lado o cristianismo ou o hebraísmo? A frente sempre pode se ampliar. O choque de civilizações é retomado numa nova versão, que apresenta o conflito entre a laicidade, iluminada e progressista, e o «sagrado», ou seja, a religião que, ressurgida no espaço público, estaria pronta, em todas as suas tradições, a um novo extermínio teocrático. A «religião é guerra» — assim recita o estereótipo que nunca saiu de moda.[5] De monoteísmo em monoteísmo, de texto em texto, se chega até o Antigo Testamento, onde se imagina encontrar as provas daquela «teologia do terror», a causa de todos os males, passados, presentes e futuros.

Esse paradigma, suportado também pelo *clash of monoteisms*, pelo atrito entre os três monoteísmos, parece ser o mais difundido. Enquanto é impossível negar que a violência jihadista tenha uma

---

4 Cf. S. Žižek, *Benvenuti nel deserto del reale*. Roma: Meltemi, 2002. pp. 47-8.

5 Cf. J. Hillman, *Un terribile amore per la guerra*. Milão: Adelphi, 2005. pp. 217 ss.

matriz religiosa, por outro lado é inaceitável seja a ligação direta entre islã e terrorismo, seja a criminalização dos monoteísmos. Trata-se mais uma vez de uma tentativa, drástica e esquemática, para se orientar no turbulento cenário contemporâneo buscando um fronte nítido, uma clara fronteira, onde, em vez disso, as linhas do conflito se cruzam, se amarram e se fundem.

2. A ofensiva do laicismo radicalizado

A ideia de um confronto entre a religião laica e o «sagrado» revela um profundo desconforto por causa do «regresso» da religião ao espaço público. Uma vez que o progresso luminoso da razão não se completou, então a secularização, incapaz de responder às espinhosas questões do novo século, encalhou num rio seco. Quem acredita no «pecado original» da religião dificilmente pode tolerar sua volta. A irritação se mistura com uma desilusão exacerbada. A razão laica se radicaliza num laicismo que pode tomar contornos exasperados.

Os motivos devem ser buscados no contexto global. A secularização sempre esteve ligada ao Estado-nação e pôde se afirmar na modernidade quando a política, ocultando seus fundamentos religiosos, terminou por sacralizar o Estado, tornando-se uma forma de religião civil. O declínio do Estado-nação carrega consigo a crise de um laicismo que nasce por uma fictícia separação entre religião e política. Não é por acaso que justamente as vozes laicas têm dificuldade de superar as fronteiras do Estado-nação, enquanto, paradoxalmente, no atual *McMundo*, são as religiões que desempenham um papel de primeiro plano não apenas na vida privada, mas também na vida pública. É impossível prescindir disso no cenário internacional.

Os atritos com o laicismo foram provocados na França, e mais em geral no contexto europeu, a partir da entrada do islã na nação. Enquanto o hebraísmo e o cristianismo, renunciando a muitas prerrogativas, assinaram, desde o início da modernidade, um pacto com o Estado, apenas recentemente o islã começou a entrar no «pacto laico». Tal fato trouxe à luz uma dificuldade que envolve também outras religiões. Hebraísmo e cristianismo tiveram de renunciar à sua dimensão política, sem que essa renúncia tenha sido alguma vez definitiva.

Nesse choque, ainda em curso, o laicismo lançou um ataque não apenas contra as religiões, mas contra o «monoteísmo». Se «Deus é violência», a causa deveria ser buscada em sua unicidade. Teses desse tipo, que se difundiram em diversas localidades, encontraram legitimação nos controversos estudos do egiptólogo Jan Assmann, que viu no monoteísmo o paradigma teológico-político da ditadura.[6] Onde dominam vários deuses reinaria a tolerância, onde reina um Deus único nasceria a violência. Retomada por Sloterdijk, essa tese produziu uma fratura no ambiente filosófico, porque no fronte oposto foi

---

6 Cf. J. Assmann, *Potere e salvezza: Teologia politica nell'antico Egitto, in Israele e in Europa*. Turim: Einaudi, 2002; Id., *La distinzione mosaica, ovvero il prezzo del monoteismo*. Milão: Adelphi, 2011.

Derrida quem defendeu os três monoteísmos, convocados para um diálogo capaz de orientar as grandes escolhas da política.[7]

Por sua vez, as três religiões monoteístas consideram com certa desconfiança a pretensão, defendida pela «cultura da laicidade», de se tornar território neutro de confrontação. Os êxitos negativos já estão aos olhos de todos. O multiculturalismo, em sua proclamada universalidade, é uma espécie de linguagem artificial, sem envergadura, que impõe ligações abstratas e ideias destinadas a cair na aleatoriedade. Aqui não se aprende nem a gramática da reciprocidade nem a síntese da alteridade. O laicismo multicultural, além de não servir como mediação entre religiões diferentes — pelo contrário, promove a deculturação —, também aguça o embate entre o fronte religioso e o laico.

3. A hermenêutica contra a violência

O «regresso» das religiões ao espaço público foi acompanhado por um fenômeno que Roy definiu com «santa ignorância». Em vez de se reduzir, o hiato entre cultura e religião está sendo ampliado pela globalização.

---

7 P. Sloterdijk, *Il furore di Dio: Sul conflitto dei tre monoteismi*. Milão: Cortina, 2008. Cf. também Id., *Im Schatten des Sinai*. Frankfurt: Suhrkamp, 2013. J. Derrida, «Fede e sapere: Le due fonti della 'religione' ai limiti della semplice ragione». In: DERRIDA, J.; VATTIMO, G. (Orgs.). *La religione*. Roma-Bari: Laterza, 1995. pp. 3-74.

O laicismo tem sua dose de responsabilidade. Supõe-se que a Bíblia seja um conglomerado de dogmas, uma série de episódios cruéis; então por que lê-la? Se a religião é somente uma fé cega, superstição, dogma, que sentido teria o conhecimento? Julgada pela aparente superioridade da razão iluminada, a religião não é nada além de um obstáculo supérfluo e prejudicial que deve ser removido com um gesto peremptório. Frequentemente, nessa peremptoriedade o laico revela, por sua vez, um inegável fanatismo.

Dessa maneira, porém, se empunha a bandeira da ignorância e com nova veemência velhos estereótipos são retomados e perigosos preconceitos ressurgem, sedimentados nos séculos. Paradoxalmente, a «cultura do laicismo», estigmatizando as religiões como não cultura e expulsando-as do patrimônio cultural comum, endossa, favorece e, em parte, promove a «santa ignorância». As repercussões são devastadoras.

O hiato entre cultura e religião foi provocado, sobretudo, pelo despertar da religião, que se apresentou no espaço público secularizado travestida de pureza e caráter militante. Desse modo acabou por fazer de si aquela imagem fanático-fundamentalista que o laicismo havia projetado. Por isso é ambíguo falar de «regresso» da religião. Essa expressão subentende que reapareceram as religiões em suas formas tradicionais. Pelo contrário, apenas as versões mais extremas e carismáticas (salafismo, evangelismo etc.) impuseram-se com sucesso.[8] Separadas da cultura tradicional, as religiões

---

8 Cf. O. Roy, *La santa ignoranza: Religioni senza cultura*. Milão: Feltrinelli, 2009. p. 23.

podem se apresentar como o novo universal capaz de unificar o mundo globalizado.

Essas versões reduzem a polifonia da tradição, das quais provêm, ao uníssono de uma única verdade. Na militância não há tempo para o estudo e muito menos para a hermenêutica dos textos. Deus fala sem contexto. A fé é suficiente. A «santa ignorância» ergue barreiras, seja entre os crentes de diferentes fés, seja entres os crentes e os não crentes. Todo espaço intermediário é abolido, enquanto valores e ideais comuns que poderiam favorecer o diálogo são apagados. O crente se torna o único expoente do «sagrado», em contraste com o campo do profano, que é alargado para incluir todos aqueles que poderiam ser considerados crentes em dúvida, ou crentes não praticantes.

Enquanto essa rigidez afeta todas as religiões, o mais atingido, no entanto, é sobretudo o islã, que por dentro parece dividido. A linha de frente cruza o espaço do texto e separa os exegetas dos doutrinários. É o embate entre aqueles que leem os textos para interpretá-los e os que se apropriam para utilizá-los como instrumento de domínio. Os primeiros retomam as interpretações históricas fornecidas pelo Corão, os outros o reduzem a um código único e imutável do qual, num puro e exasperado legalismo, se fazem porta-vozes para impor o respeito à *sharia*. Seria um erro não considerar, em toda a sua gravidade, esse embate que acontece dentro do islã. Convencidos de que são os únicos a manter a lealdade ao islã, os únicos que possuem a verdade absoluta, os islamistas confundem o texto com um manual da *jihad*.

A resistência ao terror passa pela leitura. Os terroristas de qualquer tipo se recusam a ler. É aqui que a hermenêutica pode exibir seu potencial de libertação. A violência não está no «texto sagrado», mas sim na presunção de poder interpretá-lo literalmente — por exemplo, a Torá como *verbum misticum*. Não é por acaso que na tradição hebraica é fundamental o Talmude, a leitura que prossegue ao longo dos séculos num diálogo aberto. Porque ler não significa idolatrar o texto, mas abri-lo em seus múltiplos significados, estendê-lo na infinidade de suas interpretações.

Além disso, «religião», em seu significado etimológico, refere-se tanto à ação de ler quanto à ligação de uma comunidade com a tradição. Quem lê os textos se abre para os outros, identifica afinidades e diferenças. Quando a hermenêutica dos textos não é praticada, as pessoas ficam mudas diante da ostentação de uma pretensa «verdade» que deveria, em vez disso, ser imediatamente descontruída.

4. Narcótica ou excitante? A religião segundo Marx

Com frequência os terroristas são rotulados de fanáticos. Nessa acusação estão contidos todo o desgosto e a reprovação que permeiam os ocidentais do terceiro milênio diante do extravagante fenômeno de uma religião que cresce com a força política. Uma aberração! A religião não seria uma coisa do passado? Não teria sentido nem mesmo discuti-la. Aquela reverência a Deus seria apenas um pretexto insípido, um resíduo de ignorância, um soluço da história, o sintoma de um mal-estar social, uma ilusão de ótica que oculta as relações econômicas. Por fim, Marx não resolveu o problema quando advertiu que a «religião é o ópio do povo»?

Tal fórmula é tão célebre — um verdadeiro *tópos* da vulgata marxista — que qualquer suspeição parece injustificada. De acordo com o autor de *O capital*, a superstição religiosa seria a droga que atordoa os trabalhadores e os leva a aceitar a pilhagem da qual são vítimas. Eliminada a doença, o domínio da burguesia, até mesmo o falso remédio — o uso do ópio — se tornará supérfluo.

Uma vez que hoje os textos de Marx são pouco conhecidos, convém analisar a passagem de onde foi extraída essa fórmula. Atento à tradição hebraica, da qual Marx provém, Michael Löwy indicou alguns precedentes daquela imagem. Heinrich Heine, em 1840, e Moses Hess, em 1843, já haviam introduzido a metáfora do ópio para sublinhar o poder narcotizante da religião, capaz de tornar suportável a consciência infeliz da escravidão.[9] O jovem Marx retoma a metáfora no ensaio *Crítica da filosofia do direito de Hegel*, publicado em 1844, quando escreve:

> A miséria *religiosa* constitui ao mesmo tempo a expressão da miséria real e o protesto contra a miséria real. A religião é o suspiro da criatura oprimida, o ânimo de um mundo sem coração, assim como o espírito de estados de coisas embrutecidos. Ela é o ópio do povo.[10]

---

9 M. Löwy, «Opium du peuple? Marxisme critique et religion». *Contretemps*, 12 (2005). Disponível em: http://www.contretemps.eu/opium-peuplemarxisme--critique-religion.

10 K. Marx, «Per la critica della filosofia del diritto di Hegel». In: GRUPPI, L. (Org.). *Le opere*. Roma: Editori Riuniti, 1966. pp. 55-71, p. 58 [trad. modificada].

Naquela época, Marx ainda não era marxista. Era um hegeliano de esquerda que, distanciando-se do Iluminismo, não via na religião uma conspiração clerical. Ao contrário, seguindo Feuerbach, considerava-a uma forma complexa de alienação e a interpretava sem perspectiva histórica, sem apreciá-la pela ótica da luta de classes.

Alienação quer dizer que os homens projetam no céu as próprias capacidades, tornando-se estranhos para si mesmos. Marx completa mais um salto quando, em *A ideologia alemã*, escrita em 1846 junto com Engels, vê na religião uma produção espiritual, um conjunto de ideias e de representações, em suma, uma ideologia. É preciso se rebelar, evitar que os criadores se ajoelhem diante das próprias criaturas. É inútil seguir falsas quimeras no céu — é a existência na Terra que deve ser modificada. Direcionando o olhar para baixo, surge em toda a sua dureza a condição dos trabalhadores, que, sob o domínio do capital, não se reconhecem mais na mercadoria que produzem. Aqui está a alienação em sua forma mais crua e implacável, mais desumana e desconcertante: a econômica. As mercadorias são fetiches que adquirem uma força autônoma sobre o trabalhador, uma potência sagrada. A crítica ao «fetichismo das mercadorias» que Marx descreve em *O capital* nasce da crítica à religião,[11] o que atesta o papel decisivo desempenhado pelo modelo religioso. Ali está Deus, aqui o Capital: no fim, em ambos os casos, o eu se perdeu em prol de uma potência desconhecida.

....
11 Cf. K. Marx, *Il Capitale*. Roma: Editori Riuniti, 1974. p. 105. Livro I, cap. I.

Alienação religiosa e expropriação econômica seguem, portanto, um processo análogo. Elas estão, porém, numa relação de tensão mal resolvida. A alienação religiosa é a mãe de todas as alienações, a forma por excelência da divisão. O gesto com o qual os braços se erguem para o céu já é sinal de um ser cindido, separado de si, não reconciliado. Mas a alienação religiosa desvanecerá quando desaparecer o fundamento profano a que se refere, a expropriação econômica. Para Marx, não é possível pensar na emancipação de outra maneira. É por isso que a crítica à teologia deve ceder seu lugar à crítica da economia política.

Este dia chegará. O dia em que o proletariado, a classe de escravos que — privada de um estatuto próprio — é classe universal, capaz de carregar consigo toda a humanidade, de repente aparecerá no novo mundo, onde não haverá propriedade privada, produção de mercadorias e exploração. Naquele instante o ópio se dissipará, desaparecerão os feitiços que cercam os produtos do trabalho, a névoa ilusória da religião.

Mas este dia não chega. O capitalismo não cede. A classe operária passa de uma derrota para outra. Quando, em 1871, a Comuna de Paris se afoga num banho de sangue, Marx entra numa grave depressão e para de escrever durante certo tempo.

O espírito da religião não se dissipou. Pelo contrário, regressa sob o céu opressor do Capital, mostrando que o estranhamento segue minando a existência humana, advertindo que a emancipação ainda não se completou. A miséria está ali e a religião continua a sinalizá-la. Seu espírito, não dissipado, é o espectro que segue Marx, o fantasma que causa obsessão ao pai do comunismo. Os filhos não se libertarão daquele fantasma. Convencido de ser o único capaz de dissipar as quimeras da espiritualidade, Marx não foi capaz, porém, de exorcizar seus próprios espectros. *Espectros de Marx* — é o nome de um ensaio de Derrida. Como não pensar no célebre início de *O manifesto*? «Um espectro ronda a Europa: o espectro do comunismo.» É uma referência ao *Gespenst*, ao novo fantasma que aterroriza as classes dominantes do Velho Continente. Mas Derrida sugere reconhecer no espectro a mais importante, ou polêmica, figura retórica à qual Marx recorre.[12] Sua obra se revela um gigantesco regresso aos fantasmas — e ele parece um incansável caçador de espectros, sendo o primeiro de todos a religião. Entende-se que Marx não é um crente; no entanto, ele não pensa em outra coisa. Sem tê-lo exorcizado, deixa de herança o fantasma para seus filhos. Desde então a religião se tornará uma obsessão e agitará a esquerda, que em parte tentará desajeitadamente escondê-la. A volta desse espectro, nas vestes mais ou menos fundamentalistas, pega a esquerda despreparada.

A religião foi a grande questão para Marx, e isso é sublinhado por Jean-Yves Calvez num longo capítulo, dedicado à alienação religiosa, de seu livro *O pensamento de Karl Marx*.[13] Embora em sua vida privada Marx não tenha tido dificuldade de deixá-la de lado, aquele neto de rabino nunca subestimou o poder de dissenso e de revolta que a religião possui. Por isso nunca perdeu de vista o nexo

---

12 Cf. J. Derrida, *Spettri di Marx: Stato del debito, lavoro del lutto e nuova Internazionale*. Milão: Cortina, 1994. p. 152.

13 J.-Y. Calvez, *Il pensiero di Carlo Marx*. Turim: Borla, 1966. pp. 55 ss.

teológico-político. A religião ocupa um lugar central não apenas no imaginário de Marx, mas também em seu projeto teórico e em sua promessa política. Imprime o espírito do marxismo em sua aspiração revolucionária.

Sedativo ou excitante? O dúplice caráter da religião floresce quando Marx diz, de modo quase contraditório, que a religião é expressão da miséria e, ao mesmo tempo, protesto. Pode induzir os escravos à resignação, mas também pode chamá-los para a insurreição. Marx claramente não havia esquecido o Êxodo.

Depois dele a esquerda se dividirá: de um lado a iluminista, que, considerando apenas a imagem do ópio, condenará a religião como instrumento reacionário; do outro a utópica, que vê na religião o caminho clandestino e messiânico da subversão. Os exemplos são inúmeros. Assim foi na guerra dos camponeses alemães, guiados por Thomas Münzer, que pediam a instauração na Terra do Reino de Deus, ou seja, a antecipação do comunismo, conforme observou Engels. E, enquanto Rosa Luxemburgo reivindica o vínculo entre o movimento operário e o antigo messianismo hebraico-cristão, Ernst Bloch indica na religião a forma mais significativa de consciência utópica, na qual se preserva o princípio da esperança.

5. Esquerda e *jihad*

Com seu ideal internacionalista e sua tradição cosmopolita, a esquerda — vanguarda dos insurgentes — não poderia não ficar ao lado dos «condenados da terra» desde as primeiras lutas anticolonialistas. Durante anos e décadas, a grande frota socialista atravessou os oceanos seguindo a estrela da emancipação. Contornou habilmente correntes e redemoinhos, na certeza de dominar o fluxo da história.[14]

A religião, irmã rival da revolução, não representou um obstáculo insuperável. Aliás, aconteceu o contrário. Na América Latina dos anos 1960 a esquerda ateia encontrou um formidável aliado num movimento cristão chamado «Teologia da Libertação», que conjugava o Evangelho com a luta de classes, antigo profetismo e novo espírito de revolta. De El Salvador ao Chile, aqueles padres das favelas, muitas vezes pagando com a própria vida, se faziam porta-vozes dos pobres e, reivindicando justiça e igualdade, clamavam por levantes contra as ditaduras militares e o imperialismo. A esquerda não podia deixar de reconhecer a luta em comum.

A «Teologia da Libertação» constituiu, assim, um precedente cujo valor ainda é pouco refletido. Se uma aliança se formou com o cristianismo militante, por que o mesmo não poderia acontecer com o islamismo? Essa pergunta, que não por acaso é feita entre a esquerda latino-americana — uma região geopoliticamente afastada do terror global —, deixa de lado a diferença entre as duas religiões. O que condiz com a indiferença que no fundo a esquerda mostrou pelas «religiões», cujo espectro, porém, é fonte de obsessão desde sempre.

---

14 Cf. J. Birnbaum, *Un Silence religieux: La gauche face au djihadisme*. Paris: Seuil, 2016. pp. 144 ss.

Quando o islamismo se impôs no cenário mundial, a esquerda buscou uma aproximação. Dos dois lados os militantes buscavam desmascarar a hipocrisia das democracias ocidentais e botar um fim às desigualdades do mercado. Porém a Guerra da Argélia já representou uma primeira desilusão. Em pouco tempo, a capital Argel se tornou o lugar privilegiado da rebelião mundial, para onde convergiam líderes dos movimentos afro-americanos, intelectuais europeus, rebeldes vietnamitas, guerrilheiros latino-americanos e onde, em 1965, Che Guevara pronunciou seu célebre discurso contra o imperialismo. Contudo, logo ficou claro que para os dirigentes argelinos da Frente de Libertação Nacional a religião não era um véu que um dia poderia ser retirado para dar espaço à luta de classes, mas era, ao contrário, o coração que fazia pulsar a revolta.

O episódio que balizou a fratura definitiva foi a Revolução Iraniana de 1979. O islã estava prestes a se tornar um protagonista da história contemporânea, deixando a própria marca na teologia política que a esquerda ocidental havia removido. No Irã do aiatolá Khomeini, aqueles que, em pouco tempo, seriam chamados de «islamitas», mais do que colaborar com as forças progressistas, pareciam querer marginalizá-las ou suplantá-las. Apesar disso, a esquerda estava tentada a olhar com certa simpatia para aquela revolta, ainda que desconhecida, pois acreditava que esta seria capaz de elevar o desejo de emancipação. Se os oprimidos lutavam, era necessário ficar ao seu lado.

Entre outubro de 1978 e fevereiro de 1979, a convite do jornal italiano *Corriere della Sera*, Michel Foucault, inicialmente entusiasmado com a revolta, esteve em Teerã para seguir de perto os acontecimentos. Entrevistou estudantes e operários: «O que vocês querem?». Esperava como resposta a palavra «revolução». Mas as pessoas replicavam: «O governo islâmico». Foucault reconheceu uma potente «espiritualidade política» e admitiu que a religião não era o véu que mascarava a revolução, mas sim sua verdadeira face. «O islã — que não é simplesmente uma religião, mas um modo de vida, uma aderência à história e à civilização — tem boa chance de se tornar um gigantesco barril de pólvora», escreveu num artigo publicado em 11 de fevereiro de 1979.[15]

Mas Foucault era uma voz que destoava do senso comum e aqueles artigos, nos quais já identificava no islamismo revolucionário uma alternativa ao Ocidente, foram por muito tempo negligenciados. Recentemente Žižek voltou ao tema, e foi um dos poucos, inclusive, a incitar o abandono de um velho tabu da esquerda: a proibição de qualquer tipo de críticas contra o islã, rotuladas de islamofobia.[16]

Durante várias décadas será uma ambivalência fatal que dominará as indagações e escolhas da esquerda. O islã seria um aliado ou um temível adversário? Um cúmplice necessário ou um rival imponderável?

No final dos anos 1970, apesar dos obstáculos, adversidades e derrotas, ainda brilhava com força a luz da esperança que vislum-

---

15 M. Foucault, *Taccuino persiano*. Org. de R. Guolo e P. Panza. Milão: Guerini e Associati, 1998. p. 63.

16 S. Žižek, *In difesa delle cause perse*. Milão: Ponte alle Grazie, 2009. pp. 138 ss.

brava o futuro da história, quando finalmente os oprimidos seriam libertados. Os contratempos seriam apenas alguns pequenos empecilhos no caminho da boa e velha revolução.

Presa entre o capitalismo que não havia sido derrotado e o stalinismo que sufocava qualquer tipo de liberdade, a esquerda ocidental, desde a Guerra Fria, tomou o caminho em direção ao Terceiro Mundo, onde propunha uma aliança cada vez mais sólida com os condenados desta terra. Olhando em retrospecto, era uma corrida tardia. Havia muito tempo o capital, graças aos desenvolvimentos tecnológicos, já havia superado as fronteiras, estendendo-se em escala planetária, explorando, colonizando e transformando o lucro em lei universal.

Depois da queda do muro de Berlim, a paisagem política se transforma. A arrogância do mercado sanciona a vitória do liberalismo econômico, uma vitória que alguns se apressam a declarar definitiva, como se a história universal terminasse com aquele triunfo insolente. Para a esquerda, em todas as suas variantes, as desilusões se multiplicam. Contudo, entre o fim do século anterior e o início do novo, o terceiro-mundismo, herdeiro das lutas de libertação e do compromisso internacionalista, toma contornos diferentes e mais amplos. De Seattle a Bangcoc, de Porto Alegre a Paris, começa a se articular uma galáxia *de movimentos antiglobalização* que inclui organizações não governamentais, sindicatos, associações ecológicas, grupos políticos que reivindicam direitos para aqueles que não têm direitos. Uma outra maneira de viver é possível, caracterizada pela solidariedade e pelo compartilhamento. Formas de organização alternativas são testadas e, a partir das periferias do mundo esquecido, pensam-se novas possibilidades de um «outro mundo» para além do eterno retorno do mercado. Fala-se em «alternomundialismo» para indicar aquela nova Internacional unida em torno da exigência de contrastar o *McMundo*, no qual prevalece a globalização tecnoliberal. O estado do mundo deve ser rejeitado para caminhar em direção a um mundo sem Estados. Na falta, porém, de um claro projeto político, a revolução sem fronteiras se traduz numa mobilização sem um amanhã.

É neste momento que o islamismo entra de maneira espetacular no cenário da história. Com sua lógica transnacional, contrapõe a velha lógica das fronteiras e ameaça o território da soberania; com sua inspiração transcendente, lança um desafio à imanência profana do capital.

Mas o perigo recai também sobre a esquerda, que pode perder seu papel de adversária atávica do capitalismo. O que fazer, então, com esse novo incômodo? A decisão é dura e complicada. Trata-se, de um lado, de se distanciar dos movimentos islâmicos — que contrastam frontalmente com a modernidade — para tomar partido das mulheres e dos homossexuais e defender os direitos civis e a liberdade de expressão, até mesmo fazendo coligações com as correntes liberais; de outro, de escolher a «frente única» islâmico-socialista, em nome da luta em comum contra o imperialismo. As dificuldades com as quais se debate a esquerda devem ser lidas, porém, como contradições internas ao islamismo. Se é preciso evitar juízos de valor apressados sobre um movimento que não é um monólito reacionário, então se impõe uma tática que requer calma e até mesmo uma aliança temporária.

Tal tática é defendida no excelente manifesto *The Prophet and the Proletariat*, publicado em 1994 pelo ativista britânico Chris Harman. Sem minimizar o choque provocado pelo avanço do islamismo, Harman acredita ter reconhecido no projeto político não o desejo de voltar ao islã do século VII, mas a vontade de transformar a ordem mundial. Não se deve, portanto, apoiar nem o Estado contra os islamitas nem os islamitas contra o Estado. Pelo contrário, quando estes estiverem na oposição, a regra será: «Com os islamitas em algumas ocasiões, nunca com os Estados».[17] O critério de escolha, arriscado e escorregadio, é pelo inimigo principal. Não é possível combater em várias frentes. Se é preciso derrotar o imperialismo, que é o inimigo principal, então necessariamente será preciso se aliar com os inimigos secundários, mesmo que sejam os talibãs. Dessa forma explica-se o apoio que, pelo menos até a Primavera Árabe, a esquerda terceiro-mundista ofereceu a organizações fundamentalistas como o Hezbollah no Líbano e o Hamas em Gaza, chegando até a confundir, em algumas manifestações, as próprias bandeiras com as dos grupos próximos à Irmandade muçulmana.

Não é difícil encontrar, por trás dessa tática, a soberba ocidental de poder iluminar aqueles que ainda estão imersos na escuridão, a pretensão paternalista de canalizar o mal-estar daqueles irmãos menores que seguem a onda do integralismo religioso, a fim de recrutá-los para a grande frota socialista. Depois de denunciar

---

17 C. Harman, *The Prophet and the Proletariat: Islamic Fundamentalism, Class and Revolution*. Londres: Socialist Workers Party, 1999. p. 56.

a miséria da realidade, a religião se dissolveria, deixando espaço para o trunfo da revolução. Seria suficiente alavancar o radicalismo para mobilizar as massas oprimidas do mundo islâmico. As chamas daquele radicalismo acenderiam, mais cedo ou mais tarde, a revolução social; à esquerda bastaria incentivá-las e direcioná-las.

Aconteceu, porém, o contrário. Conforme escreveu o marxista libanês Gilbert Achcar, aquelas chamas quase acabaram «incinerando os restos da esquerda».[18] O velho otimismo não possuía nenhuma motivação real. De ano em ano, as relações de força foram se invertendo. Sem resolver as próprias contradições ou trair as próprias raízes, o jihadismo mostrou uma extraordinária capacidade de tirar proveito das novas formas ultraliberais da globalização capitalista e da comunicação high-tech, tornando-se até mesmo o protagonista da oposição ao Ocidente. Isso é uma afronta para a esquerda. Como admitir que tenha surgido dentre os amaldiçoados desta terra uma armada de hackers prontos para morrer em prol do triunfo de leis e costumes de séculos atrás? Assim, enquanto a frota socialista parece encalhar em águas rasas, os herdeiros de Marx descobriram que, utilizando uma bússola diferente, outros aprenderam, nos últimos anos, a navegar com mais eficiência no oceano da cólera universal e da esperança sem fronteiras.

18 G. Achcar, *Marxism, Orientalism, Cosmopolitanism*. Londres-Chicago: Saqi Books, 2013. p. 30.

6. Brigadas da Espanha — Brigadas da Síria

Com todo o seu fervor, hoje o jihadismo parece ser o único ideal capaz de mobilizar as massas nos quatro cantos do mundo para desafiar a ordem global. Milhares de combatentes estão prontos para enfrentar a morte sob o signo — mesmo que virtualmente — do estandarte negro do Estado Islâmico, que carrega inscrita a profissão de fé islâmica e ostenta o selo dos profetas, um chamamento explícito ao advento do *Mahdi*, o redentor que surgirá no extremo horizonte. O local geopolítico da batalha final, que precede essa redenção, é a terra conhecida como *Sham*, cujo acrônimo *Daesh*, «Estado Islâmico do Iraque e do Levante», contém seus traços. O coração do Oriente que se eleva e brota é a Síria, onde, de acordo com a profecia, tudo será reconciliado antes que, no fim dos tempos, seja proclamado o Reino de Deus. Portanto, segundo o imaginário jihadista, esse Levante é o espaço no qual o tempo se concluirá, no qual o destino do mundo será decidido depois do último embate apocalíptico.

Os combatentes saem não apenas dos países magrebinos e médio-orientais, mas também das cidades ocidentais — de Paris e de Bruxelas, de Londres e de Milão, de Estocolmo e de Frankfurt, de Moscou e de Sydney — para chegar à Turquia, de onde prosseguem até Mosul e Alepo. São quase 20 mil *foreign fighters* — estrangeiros que combatem nas formações jihadistas —, provenientes de mais de oitenta países.

Essas brigadas da *jihad* mundial trazem à memória um precedente que se destaca indelevelmente na história recente: os mais de

30 mil voluntários pertencentes às Brigadas Internacionais que, em 1936, se uniram na Espanha aos republicanos que lutavam contra o fascismo e o nazismo.

Por mais que seja desconcertante, a comparação deve ser feita por causa das muitas afinidades, começando pelo compromisso militante e pela solidariedade internacional. O impulso decisivo veio da exigência — racional ou instintiva — de responder ao chamado de socorro dos companheiros expostos à violência do exército franquista e dos irmãos que se dedicavam ao martírio. Razões existenciais e destinos pessoais se conjugam em ideais comuns, aspirações compartilhadas e visões universais. Da mesma maneira, misturam-se esperança e desespero, entusiasmo e desconforto, paciência e ânsia, confiança e hesitação, espera e inquietação. A indignação, que alimenta o impulso destruidor, não pode ocultar o pedido de justiça.

Também é análoga a partida, que parece ter um sabor definitivo. Seja a partida do trem em direção aos Pirineus ou do avião com destino a Ankara, o desapego da vida anterior é uma despedida voluntária da existência, sem a certeza do regresso. A pessoa se oferece em sacrifício para uma causa que vai além de si e na qual crê reconhecer o sentido de um seu possível fim.

Contudo, as afinidades terminam aqui e as diferenças são profundas. Socialista, anárquico ou trotskista, o voluntário das Brigadas Internacionais tem origem operária, uma cultura militante e muitas vezes até mesmo experiência militar. Como membro de um partido político ou de uma organização sindical, sua escolha amadureceu em assembleias populares, debates públicos, quase sempre à luz do sol, sob os auspícios da Internacional comunista e com o apoio mais ou menos explícito de autoridades governamentais.

A mobilização do *jihadista* ou da *jihadista* — visto a grande presença de mulheres —, por sua vez, ocorre com frequência por meio da internet, de maneira espontânea, nas sombras, na clandestinidade, quase sempre em solidão, sem o filtro de um partido, sem, sobretudo, uma preparação política.

Porém as principais diferenças estão na relação com a história e a morte. Os membros das Brigadas Internacionais tinham certeza de que a batalha que os aguardava na Espanha seria fundamental para o destino da humanidade. Muitos eram pacifistas e teriam preferido evitar aquele sacrifício. Desejavam continuar a viver. Atravessavam os Pirineus na esperança de acelerar a história para torná-la mais humana.

Os jihadistas vão ao encontro da morte que, longe de ser um sacrifício, é a própria vitória. Certos do fim do mundo que lhes toca, não querem acelerar a história, mas sair dela. Não pensam numa revolução permanente, e sim, uma vez abolida a política, numa redenção permanente.

7. O terror do capitalismo global

Com frequência, termos usados com descomedimento levam a caminhos errados. É o caso do «multiculturalismo», que levou à leitura dos conflitos que se desenham no cenário mundial como atritos entre uma identidade particular e um pertencimento universal. Mas, conforme sublinhou Balibar, o choque se dá entre diferentes universalismos, rivais e incompatíveis.[19] Para ser ainda mais explícito, é possível falar de «sonhos», de acordo com a sugestão de Sloterdijk. Ao lado do sonho capitalista se perfila, com o jihadismo, um terceiro sonho, uma alternativa oriental ao comunismo.

Um novo inconveniente surge para arranhar o dogma do «mercado mundial», mas sobretudo traz à luz aquilo que os leitores de Benjamin já sabiam desde o início e que agora, porém, aparece com clareza: que o capitalismo sempre foi muito mais que uma simples relação produtiva. Porque na imanência do poder de compra absorveu, distribuiu e organizou não apenas o trabalho, mas toda a vida. Os dois «sonhos» — capitalismo e jihadismo — têm, portanto, muito em comum. Ambos são *tanto* políticos *quanto* religiosos. Será então mais fácil compreender o surgimento do islamismo radical, mesmo em suas formas mais antagônicas, se do outro lado se reconhece um capitalismo que há anos entrou num estado de extrema radicalização política e religiosa. Seu triunfo, declarado depois da queda do muro de Berlim, foi celebrado por um fukuyanismo militante, uma visão segundo a qual o interesse universal da humanidade era confiado ao destino do capitalismo. Com «o fim da história», em 1992, Fukuyama anunciava que o capitalismo não seria nunca mais superado.[20] Tratava-

....
19 Cf. É. Balibar, *Saeculum: Culture, religion, idéologie*. Paris: Galilée, 2012. pp. 51 ss.

20 Cf. F. Fukuyama, *La fine della storia e l'ultimo uomo*. Milão: Rizzoli, 2003.

-se de um anúncio definitivo, teológico e, no fundo, apocalíptico. O mesmo se pode dizer sobre o jihadismo.

Ambos não são apenas ideologias, mas se revelam também como religiões que se traduzem em formas de vida e, vice-versa, formas de vida ditadas por princípios religiosos. Variantes especulares de um puritanismo intransigente, com o qual se entende a obediência a uma única paixão, o jihadismo é a resposta da paixão ascética para a singular violenta paixão narcisista na qual se resume o mandamento do capitalismo: «Divirta-se!».

Divirta-se, aproveite, alegre-se, goze... nas condições, claro, do capital. Esse cuidado ativista com a existência é tenso, focado em compartilhar o conforto anunciado pela mídia, a partir, porém, de uma dívida insolvente, de uma culpa que nunca poderá ser revertida. Benjamin escreve que o capitalismo é «uma pura religião de culto, talvez a mais extrema que alguma vez existiu», que pode contar com uma «duração permanente». Não há trégua nem perdão. A pompa sagrada do marketing, o ritual do lucro e o consumo são imparáveis. O capitalismo é um culto que requer uma celebração obsessiva. Aparentemente é sempre uma festa — quando na realidade nunca é. Não se distingue mais entre o dia e a noite, em que o tempo é sempre e apenas dinheiro. Se o culto é ininterrupto, é graças à apoteose da dívida. «O capitalismo é presumivelmente o primeiro caso de um culto não expiatório, mas culpabilizador.»[21] Não poderia ser diferente para uma religião que não permite salvação ou redenção. Sob o céu do capital, resta apenas «o desespero cósmico».

---

21 W. Benjamin, *Capitalismo come religione*. Gênova: Il Melangolo, 2013. p. 43.

A esse culto da emancipação infeliz, a esse terror de um trágico sempre-igual maquiado pelo progresso, se opõe o jihadismo, que pretende impor a expiação e se eleva ao mesmo tempo como expressão e protesto, sem, no entanto, mesmo representando uma imagem de mundo, conseguir guiar uma nova revolta dos humilhados e dos indefesos, nem mesmo canalizar as energias antissistêmicas. A propagação do terror produz um novo e imponderável consumo de segurança do qual, talvez, mais uma vez poderá se aproveitar o capitalismo.

8. A democracia no teste do antiterrorismo

Do fundo de sua cela no campo de detenção de Guantánamo, onde passou mais de dez anos de sua vida sofrendo torturas antes de ser reconhecido inocente, Mohamedou Ould Slahi se perguntou se a democracia conseguiu superar o desafio ao qual foi submetida depois do Onze de Setembro.[22]

Ainda não é possível fornecer uma resposta definitiva a essa pergunta. O que se pode dizer até aqui é que nem Hitler, nem Stálin, nem ninguém até então foi capaz de infligir um golpe tão duro contra a democracia ocidental, a ponto de deteriorar seus próprios princípios. Talvez aqui se esconda o objetivo secreto do jihadismo. Não

---
22 Cf. M. Ould Slahi, *Dodici anni a Guantanamo*. Org. de L. Siems. Milão: Piemme, 2015.

foi a queda das Torres Gêmeas, mas sim o *Patriot Act* a verdadeira vitória póstuma de Bin Laden, o qual já havia declarado a um jornalista da Al-Jazeera no dia 21 de setembro de 2001: «Eu lhes digo que a liberdade e os direitos humanos nos Estados Unidos estão condenados. O governo vai arrastar o povo americano, e o Ocidente em geral, para um inferno insuportável e uma vida opressora».[23]

Enquanto o terror, depois da eliminação de Bin Laden e do desmonte de boa parte da rede da Al-Qaeda — a qual se imaginava que tivesse sido desmantelada em 2011 —, continuou a proliferar na Síria, no Iraque, na Líbia, no Iêmen, na Somália, na Nigéria, na Mauritânia, em Mali, expandindo-se em formas ainda mais violentas e por meio de novos grupos — do Estado Islâmico ao Jabhat al Nusra —, as instituições democráticas começaram a erodir por todos os cantos, junto com as liberdades civis. A «guerra ao terror» já se revelou a autodestruição da democracia, a tal ponto que, mesmo nos países tradicionalmente mais democráticos, em breve se ousará impor uma não democracia.

Terror e democracia são os dois frutos da modernidade e não são, contudo, entidades separadas. Democracia significa ausência de necessidade do terror. Como havia compreendido Hegel, o terror é um preço que os modernos devem pagar para aprender que a liberdade abstrata precisa do direito, é uma etapa do caminho em direção ao Estado moderno, é, melhor dizendo, um episódio, doloroso e indispensável, no desenvolvimento da maturidade da hu-

---

23 J. Follorou, *Démocraties sous contrôle: La victoire posthume d'Oussama Ben Laden*. Paris: CNRS, 2014. p. 9.

manidade. Sob esse aspecto, a democracia é sempre pós-terrorista. Ao contrário do que se poderia supor, porém, a relação entre terror e democracia não é apenas genealógica, mas também ontológica. O terror não é superado de uma vez por todas, mas permanece inscrito na democracia e dali pode ressurgir.

Um olhar retrospectivo para o passado mostra que não existe época em que a democracia não tenha sido insidiada por esse incômodo companheiro de viagem que a persegue teimosamente, adapta-se aos seus ritmos, adéqua-se às suas formas, corre atrás de seus progressos. Seus estandartes foram fincados onde as mudanças foram maiores e mais profundas — como se mostrasse sua rapidez excessiva —, suas ações são projetadas para destacar os desequilíbrios e as lacunas, e os ataques, para minar estruturas já instáveis. O terror é o espião de uma mudança malsucedida, de um processo que, como a globalização atual, encalhou.

É difícil, portanto, pensar que a democracia consiga se desvencilhar desse fardo incômodo. Contudo, se o terror, com suas incursões quixotescas voltadas para a desestabilização da democracia, mesmo produzindo efeitos perversos, não é capaz de pôr verdadeiramente em risco sua existência, então a democracia — exposta e vulnerável —, mais do que qualquer outra forma política — por exemplo uma ditadura —, possui uma elasticidade inerente, que lhe permite dobrar-se sem se desintegrar. A democracia poderia, portanto, mostrar uma inesperada resistência a longo prazo.

Ao alvejar civis, todos iguais perante a ameaça, o terrorismo afeta diretamente os cidadãos, ou seja, os verdadeiros representantes do Estado democrático, que se sentem indefesos, atacáveis, desarmados. A tentação imediata é reagir reinterpretando as leis em vigor, ou melhor, contornando-as para poder tomar decisões extraordinárias. É o que fez a administração norte-americana depois do Onze de Setembro, ao capitalizar o choque provocado pelos atentados. O futuro próximo dirá se aquela que é considerada a primeira democracia do mundo acertou ao renunciar a muitas prerrogativas democráticas. O que hoje parece claro é que, quando a democracia responde ao terror violador das regras, também as violando — talvez até mais —, acaba atacando a si mesma e deixa-se levar por sua síndrome autoimune, termina por se autodestruir.

A democracia deve aceitar que não faz nada além de abrir um «espaço de liberdade», um espaço no qual protege seu segredo, ao abrigo de qualquer transparência. Ali «abriga e espera: mesmo o hóspede mais inesperado. O mais forasteiro. É a sua terra. É generosa, mas também é discreta».[24]

9. Snowden. Sobre a vigilância planetária

A «Guerra contra o terrorismo» produziu, entre seus efeitos mais ruinosos, a construção de um dispositivo de vigilância planetária. O governo americano, que já havia introduzido medidas em relação à *cyber security*, aprovou, em 2008, um FISA Amendments Act, ainda em vigor, com o qual autorizou a NSA — a agência

---

[24] R. Esposito, *Dieci pensieri sulla politica*. Bolonha: il Mulino, 2011. p. 74.

nacional para a segurança — a recolher, sem mandados judiciais, os dados pessoais de todos os estrangeiros para examiná-los. No caso dos cidadãos americanos, a agência consegue um mandado com facilidade.[25] Foram desenvolvidos programas, como o PRISM e o X-Keyscore, que permitem acesso aos portais das maiores empresas do ramo da informática — Apple, Google, Facebook, Skype, YouTube — para interceptar, com sua tácita cumplicidade, qualquer conteúdo e atividade online, dos e-mails aos chats, sem nenhum limite. Dessa forma, a NSA pôde vigiar, analisar e memorizar a comunicação eletrônica global, considerando como potencial suspeito qualquer pessoa que se conecte à internet. O controle torna transparente a existência que se desenvolve na rede. Todos são, porém, não apenas visíveis, mas também geolocalizáveis. O *New York Times* revelou que, a partir de 2010, a NSA começou a delinear um perfil para cada habitante do planeta.[26]

Essa gigantesca treliça, na qual todos são observados e controlados por um poder invisível, é a versão última e alarmante do *Panopticon*, com a diferença de que o projeto de Jeremy Bentham foi concebido para uma prisão. Mas a vigilância pan-óptica da rede não requer a idealização de um sistema de celas para que as pessoas tenham a impressão de ser constantemente observadas por

---

25 O acrônimo FISA significa *Foreign Intelligence Surveillance Act*, «lei de vigilância de inteligência estrangeira».

26 J. Risen e L. Poitras, «N.S.A. Gathers Data on Social Connections of U.S. Citizens». *New York Times*, 28 set. 2013. Disponível em: http://www.nytimes.com/2013/09/29/us/nsa-examines-social-networksof-us-citizens.html.

um imenso olho onividente. Dominar significa ver sem ser visto, mantendo-se escondido no privilégio da obscuridade, enquanto aqueles que estão exilados na transparência sabem que são vigiados e nada podem fazer.

Foi Edward Snowden quem revelou, em junho de 2013, esse dispositivo de vigilância de massa. Depois de pôr suas habilidades informáticas durante anos a serviço da CIA (Agência Central de Inteligência dos Estados Unidos), onde desde 2007 já tinha acesso a informações ultrassecretas, Snowden começou a nutrir dúvidas em relação aos objetivos e métodos do antiterrorismo telemático. Após deixar a CIA, em 2009 aceitou um trabalho na Dell, a conhecida empresa de computadores, que o alocou na NSA. Naquele período, passado em grande parte no Japão, Snowden foi promovido à área da espionagem, responsável pelo recolhimento de dados e pelo preparo de ataques virtuais. Quando voltou para os Estados Unidos, em 2012, começou a fazer o download de todos os arquivos que pretendia divulgar. Por meio de um plano engenhoso, cheio de riscos, no dia 20 de maio de 2013 conseguiu pegar um voo para Hong Kong, onde o esperavam Laura Poitras, que filmou o encontro para o documentário *Citizenfour*, e o jornalista Glenn Greenwald, que publicou suas revelações numa série de artigos para o *The Guardian*.

O caso Snowden causou bastante agitação, sobretudo por suas repercussões políticas. Porém nada mudou, mesmo depois das evidências que mostravam que a «luta contra o terrorismo» não é o objetivo primário da vigilância planetária.

10. A nova fobocracia

Enquanto as medidas de segurança se multiplicam, o estado de emergência prolongado parece marcar de maneira profunda e irreversível a democracia ocidental e o modelo estatal conhecido até então. Muitos já falam no fim do Estado de direito. Na abstrusa legislação antiterrorista, na qual mais do que suspensas, as leis são muitas vezes reescritas, e em que a exceção se traduz prontamente em norma, já é possível encontrar a proa que avança da política policiesca, a prótese de uma soberania que perde sangue e que não sabe, e não quer, entrar em declínio.

A palavra-chave do léxico político se torna «segurança». O *Security State* é o modelo de referência de uma política reduzida a mera administração, exercício de *governance*, que, no entanto, promete tranquilizar, proteger e defender os cidadãos, e encontra nesse ponto sua legitimidade. As razões de segurança tomaram o lugar da «razão de Estado». Controle, vigilância e repressão, entendidos num sentido mais amplo, até mesmo desterritorializado e informático, fazem parte do Estado de segurança, que ainda é, porém, uma terra desconhecida, pouco examinada e pouco explorada.

Etimologicamente «seguro» deriva do latim *securum*, composto de *se-* com valor privativo e *cura*, que significa «sem preocupação», «sem angústia». Estar seguro significaria viver sem a sombra de ameaças que o rodeiam, sem precisar temer pelo futuro, sem estar à mercê dos medos, refém do terror. Exatamente o oposto, portanto, das condições em que se encontra o cidadão.

O Estado promete o que não pode manter. Isso aconteceria porque as perguntas são muitas, os riscos elevados e o cenário global muito complexo? O Estado reconhece, em parte, sua impotência. É capaz de fornecer soluções, acalmar os ânimos, fazer frente a novas incógnitas, mas não consegue resolver todos os problemas. No fundo, nem mesmo os cidadãos deveriam esperar tal coisa. Catástrofes ecológicas, desastres da globalização, incerteza econômica e precariedade parecem fenômenos inevitáveis. Seja em nome das férreas leis da economia, seja das leis da história, o Estado abdica, abandona o cidadão a alguns imprevistos e o expõe a alguns perigos para se ocupar de outros, deixando surgir dessa forma uma hierarquia dos medos, na qual organiza o plano de segurança. O liberalismo é a ideologia desse abandono. A promessa de proteção é limitada e contém em si a ameaça do abandono.

Não é por acaso que existe uma conexão entre promessa e ameaça. Ambas formam um círculo perverso, uma relação inédita e temível com a qual o Estado de segurança, ao assegurar e tutelar o cidadão, captura-o e o apreende em sua instável soberania. O tradicional modelo idealizado por Hobbes é subvertido. O contrato que transfere os poderes para o soberano — segundo seu modelo — pressupõe o medo recíproco e a guerra de todos contra todos. O Estado, então, deve intervir para pôr fim ao medo generalizado. O Estado de segurança, pelo contrário, precisa do medo e tem sua fundamentação nesse medo. Por definição, sua legitimidade deriva desse fato.

A suspeita, mais do que motivada, é que o Estado precise cultivar o medo para ser legitimado, deve fomentá-lo com sabedoria e amplificá-lo ediante uma concertação político-midiática cotidiana. A obsessão pela segurança se alimenta da «cultura do medo». Enquanto mostra os perigos que se acumulam no horizonte — estrangeiros, mendigos, refugiados, imigrantes, criminosos, terroristas —, o Estado proclama: «A segurança em primeiro lugar!». Numa época de distanciamento da política, na qual falta o desejo e já não há relação emotiva, sobra apenas o medo de um inimigo ubíquo e indefinido para tirar da passividade imobilizadora os cidadãos despolitizados. Dessa maneira, medos individuais, que em outros momentos provocam divisão e isolamento, se somam, dando lugar a um «nós» imaginário que indica a comunidade do medo que voluntariamente se submete ao Estado de segurança.

Não surpreende que a prevenção seja o símbolo dessa nova fobocracia. Se o terrorista é quem «intimida», se são suficientes «sérias razões para crer que seu comportamento represente uma ameaça à ordem pública», segundo aquelas formas indeterminadas que cada vez mais aparecem nas leis emergenciais, então a suspeita se expande e o raio de ação se estende excessivamente porque qualquer um pode se tornar terrorista, mesmo que não seja. O que se transforma em alvo não é o ato em si, mas a possibilidade de se tornar ato. Imagina-se, criam-se hipóteses, conjectura-se — acabando por moldar o processo segundo intenções predefinidas. Considera-se inevitável o ato que ainda não ocorreu e que só foi evitado graças à intervenção preventiva da polícia.

A política dá lugar à polícia, enquanto a possibilidade escorrega na realidade. Elogia-se assim o sucesso de uma operação que neutralizou o suposto ato terrorista. Informações mais precisas não são oferecidas e a opinião pública não exige outros fatos. Nome, generalidades, motivações do indiciado, tudo fica nebuloso. O importante é que um terrorista foi capturado, expulso, feito prisioneiro. Contrariando qualquer princípio jurídico, renuncia-se à certeza. A «versão dos fatos» compete à mídia e à polícia, mesmo que existam fatos contestáveis e nítidas contradições. Por outro lado, a ausência de certeza na reconstrução dos atentados terroristas não é novidade. Parece, aliás, que é um fato proposital. Quanto mais vago e indistinto o perfil do terrorista, mais obscura se torna a ameaça e mais iminente é a possibilidade do terror.

Paradoxalmente, o Estado de segurança se revela um Estado de medo, uma fobocracia que transmite alarme e apreensão, que difunde temor e ansiedade. Isso significa que não apenas não mantém a promessa inscrita em sua razão de ser, ou seja, deixa os cidadãos *sine cura*, mas também que se baseia na própria ameaça e recorre ao medo, movimentando aquele círculo perverso no qual, talvez, se deve ler o indício de uma nova relação de poder, fundada sobre um controle difuso e ilimitado, ao qual se remete a vigilância planetária. Enquanto se multiplicam os sistemas de controle, os procedimentos digitais para o recolhimento de dados são aperfeiçoados e a segurança se transforma inexoravelmente numa insegurança aguda. Nessa deriva vem à luz um nexo sistêmico entre Estado de segurança e terrorismo. Sem que se chegue a uma «estratégia da tensão», ou seja, ao ponto extremo de produzir o terror, pode-se, contudo, deixar que este seja produzido. Assim se explicam as escolhas, de outras formas enigmáticas, de várias democracias ocidentais que internamente combatem o terror, enquanto externamente não têm restrições contra países ambiguamente comprometidos com organizações terroristas, às quais vendem grandes quantidades de armas.

Criminalizar a possibilidade de um ato terrorista significa permitir uma ação preventiva tal que, eclipsando o poder judiciário, a polícia se torne protagonista na «luta contra o terrorismo», adquirindo novos poderes e erodindo partes da soberania. A presença imponente, nas cidades, de departamentos das forças de ordem junto com unidades do exército atesta a porosidade das fronteiras entre criminosos e inimigos, violências externas e guerrilha urbana, e prova que a «luta contra o terrorismo» é uma operação policial de escala planetária. Suspense e tensão dão o tom de uma vigilância armada, uma vigília permanente, uma insônia policiesca que, como qualquer insônia, não pode deixar de gerar pesadelos, delírios, enganos e alucinações. A ansiedade domina e a suspeição se propaga: todo cidadão se torna um terrorista em potencial. Enquanto o Estado de segurança se distancia da política para se aventurar em zonas desconhecidas, a polícia revela sua face fantasmagórica, mostrando o que realmente é: não o braço armado do Estado, mas sim o suplemento originário da soberania.

Destinado há décadas a uma digna decadência sob o céu nublado da globalização, arranhado e mutilado em suas funções, o Estado-nação, que quase não pode mais emanar leis e que parece cada vez mais deslegitimado, reage com veemência buscando o que restou de uma soberania enganadora, mesmo que seja apenas um pedaço, uma prótese. A «luta contra o terrorismo», com toda a série de medos que carrega consigo, da invasão dos imigrantes ao choque de civilizações, é a ocasião utilizada pelo Estado para restaurar a confiança dos cidadãos, para fazer convergir as hostilidades contra o inimigo comum, para reconstruir assim uma armadura. Daqui deriva a desmedida reação autoimune com a qual, para eliminar o vírus terrorista, acaba por ferir o próprio corpo e prejudicar a vida dos cidadãos. Sua armadura é essa nova fobocracia, o poder do terror gerenciado pela polícia soberana. Na errância global, que não poupou a soberania e que a tornou flutuante, mais do que buscar por artifícios, próteses, suplementos — não sem violência, não sem golpes de força, não sem terror —, seria melhor, ao contrário, renunciar de maneira incondicional e definitiva a qualquer tipo de soberania.

BIBLIOGRAFIA

ABOU BAKR NAJI. *The Management of Savagery: The Most Critical Stage Through Which the Umma Will Pass*, 2004. Disponível em: https://azelin.files.wordpress.com/2010/08/abu-bakr-naji-the-management-ofsavagery-the-most-critical-stage-through-which-the-umma-willpass.pdf.

ACHCAR, G. *Marxism, Orientalism, Cosmopolitanism*. Londres-Chicago: Saqi Books, 2013.

ACKERMAN, B. *La costituzione di emergenza: Come salvaguardare libertà e diritti civili di fronte al pericolo del terrorismo*. Roma: Meltemi, 2005.

ADONIS. *Violenza e islam: Conversazioni con Houria Abdelouahed*. Milão: Guanda, 2015.

ADORNO, T. W. *Dialettica negativa*. Turim: Einaudi, 1975.
[*Dialética negativa*. Rio de Janeiro: Zahar, 2009.]

_____. *Minima moralia: Meditazioni della vita offesa*. Turim: Einaudi, 1994.
[*Minima moralia: Reflexões a partir da vida lesada*. Rio de Janeiro: Azougue, 2008.]

AGAMBEN, G. *Homo sacer: Il potere sovrano e la nuda vita*. Turim: Einaudi, 2005.
[*Homo sacer: O poder soberano e a vida nua I*. 2. ed. Belo Horizonte: Ed. UFMG, 2014.]

_____. *Stasis: La guerra civile come paradigma politico*. Turim: Bollati Boringhieri, 2015.

APPADURAI, A. *Sicuri da morire: La violenza nell'epoca della globalizzazione*. Roma: Meltemi, 2005.

ARENDT, H. «Colpa organizzata e responsabilità universale». In: _____. *Archivio Arendt*, I. 1930-1948. Milão: Feltrinelli, 2001.

_____. «Ideologia e terrore». In: Forti, S. (Org.). *La filosofia di fronte all'estremo: Totalitarismo e riflessione filosofica*. Turim: Einaudi, 2004.

_____. *Sulla rivoluzione*. Turim: Einaudi, 2009.
[*Sobre a revolução*. São Paulo: Companhia das Letras, 2016.]

ARON, R. *Guerre et paix entre les nations*. Paris: Calmann-Lévy, 1962.
[*Paz e guerra entre as nações*. São Paulo, Brasília: UnB, WMF Martins Fontes, 2018.]

ASAD, T. *Il terrorismo suicida: Una chiave per comprenderne le ragioni*. Milão: Cortina, 2009.

ASSMANN, J. *Potere e salvezza: Teologia politica nell'antico Egitto, in Israele e in Europa*. Turim: Einaudi, 2002.

_____. *La distinzione mosaica, ovvero il prezzo del monoteismo.* Milão: Adelphi, 2011.

AUGÉ, M. *Diario di guerra.* Turim: Bollati Boringhieri, 2002.

BADIOU, A. *Il nostro male viene da piu lontano: Pensare i massacri del 13 novembre.* Turim: Einaudi, 2016.

BALIBAR, E. *Saeculum: Culture, religion, idéologie.* Paris: Galilée, 2012.

BAUDRILLARD, J. *La trasparenza del male: Saggio sui fenomeni estremi.* Milão: SugarCo, 1996.
[*A transparência do mal: Ensaio sobre os fenômenos extremos.* 9. ed. Campinas: Papirus, 2006.]

_____. *Le ludique et le policier & autres écrits parus dans «Utopie» (1967-1978).* Paris: Sens & Tonka, 2001.

_____. *Lo spirito del terrorismo.* Milão: Cortina, 2002.

_____. *Power Inferno.* Milão: Cortina, 2003.
[*Power inferno.* Porto Alegre: Sulina, 2003.]

_____. *Le strategie fatali.* Milão: Feltrinelli, 2007.
[*As estratégias fatais.* Rio de Janeiro: Rocco, 1996.]

BAUDRILLARD, J.; MORIN, E. *La violenza del mondo: La situazione dopo l'11 settembre.* Pavia: Ibis, 2004.
[*A violência do mundo.* Rio de Janeiro: Anima, 2004.]

BEN JELLOUN, T. «Le califat sauvage». In: Fottorino, É. *Qui est Daech? Comprendre le nouveau terrorisme*. Paris: Philippe Rey, 2015.
[«O califado selvagem». In: *Quem é o Estado Islâmico?: compreendendo o novo terrorismo*. Belo Horizonte: Autêntica, 2016.]

_____. *Il terrorismo spiegato ai nostri figli*. Milão: La nave di Teseo, 2017.

BENJAMIN, W. «Per la critica della violenza». In: Ganni, E. (Org.). *Opere complete*, i. Scritti 1906-1922. Turim: Einaudi, 2008.

_____. *Capitalismo come religione*. Gênova: Il Melangolo, 2013.
[*O capitalismo como religião*. São Paulo: Boitempo, 2013.]

BENSLAMA, F. *Un furieux désir de sacrifice: Le surmusulman*. Paris: Seuil, 2016.

_____ (Org.). *L'idéal et la cruauté: Subjectivité et politique de la radicalisation*. Paris: Lignes, 2015.

BERMAN, P. *Terrore e liberalismo: Perché la guerra al fondamentalismo è una guerra antifascista*. Turim: Einaudi, 2004.

BERTI, B. *La fine del terrorismo: Oltre l'Isis e lo stato d'emergenza*. Milão: Mondadori, 2017.

BIANCHIERI, B. (Org.). *Il nuovo disordine globale dopo l'11 settembre*. Milão: Università Bocconi, 2002.

BIGO, D. «L'impossible cartographie du terrorisme». *Cultures et Conflits*, 25 fev. 2005.

BIRNBAUM, J. *Un Silence religieux: La gauche face au djihadisme*. Paris: Seuil, 2016.

BLIN, A. *Le Terrorisme*. Paris: Le Cavalier Bleu, 2005.

BODEI, R. *Geometria delle passioni: Paura, speranza, felicità*. Milão: Feltrinelli, 2007.

BONANATE, L. *Terrorismo internazionale*. Florença: Giunti-Casterman, 1994.

BORRADORI, G. (Org.). *Filosofia del terrore: Dialoghi con Jürgen Habermas e Jacques Derrida*. Roma-Bari: Laterza, 2003.

BOYARIN, D. *Morire per Dio: Il martirio e la formazione di Cristianesimo e Giudaismo*. Gênova: Il Melangolo, 2008.

BUCHNER, G. *La morte di Danton*. In: _____. Teatro. Milão: Adelphi, 1978.
[*A morte de Danton*. Rio de Janeiro: Ediouro, 1993.]

BURKE, E. *Letters on a Regicide Peace*. Londres: Payne, 1795.

BUTLER, J. *Vite precarie: I poteri del lutto e della violenza*. Roma: Meltemi, 2004.

_____. *Critica della violenza etica*. Milão: Feltrinelli, 2006.
[*Relatar a sim mesmo: Crítica da violência ética*. Belo Horizonte: Autêntica, 2015.]

CALVEZ, J.-Y. *Il pensiero di Carlo Marx*. Turim: Borla, 1966.
[*Pensamento de Karl Marx*. Porto: Tavares Martins, 1959.]

CAMPANINI, M. *Il pensiero islamico contemporaneo*. Bolonha: il Mulino, 2005.

_____. *Quale Islam? Jihadismo, radicalismo, riformismo*. Brescia: La Scuola, 2015.

CAMUS, A. *L'uomo in rivolta*. Milão: Bompiani, 1957.
[O homem revoltado. 11. ed. Rio de Janeiro: Record, 2017.]

CANETTI, E. *La coscienza delle parole*. Milão: Adelphi, 1984.
[A consciência das palavras. São Paulo: Companhia das Letras, 2011.]

CARBONE, M. *Essere morti insieme: L'evento dell'11 settembre 2001*. Turim: Bollati Boringhieri, 2007.

CAVARERO, A. *Orrorismo ovvero della violenza sull'inerme*. Milão: Feltrinelli, 2007.

CHALIAND, G.; BLIN, A. (Orgs.). *Histoire du terrorisme: De l'Antiquité a Daech*. Paris: Fayard, 2016.

CHOMSKY, N. *11 settembre dieci anni dopo: Aggiornato dopo l'assassinio di Osama Bin Laden*. Milão: il Saggiatore, 2011.

CHOMSKY, N.; VLTCHEK, A. *Terrorismo occidentale: Da Hiroshima ai droni*. Milão: Ponte alle Grazie, 2015.

CLAUSEWITZ, C. VON. *Della guerra*. Milão: Mondadori, 1970.
[*Da guerra*. 3. ed. São Paulo: Martins Fontes, 2010.]

CONFINO, M. *Il catechismo del rivoluzionario*. Milão: Adelphi, 1976.

CURI, U. *I figli di Ares: Guerra infinita e terrorismo*. Roma: Castelvecchi, 2016.

DAVIS, M. *Breve storia dell'autobomba: Dal 1920 all'Iraq di oggi, un secolo di esplosioni*. Turim: Einaudi, 2007.

DEBRAY, R. «Le Passage à l'infini». In: Lavenir, C.; Huyghe, F.-B. (Orgs.). *La scène terroriste. Cahiers de médiologie*, 13 (2002), pp. 3-13.

DÉCUGIS, J.-M.; MALYE, F.; VINCENT, J. *Les coulisses du 13 novembre*. Paris: Plon, 2016.

DERRIDA, J. *Spettri di Marx: Stato del debito, lavoro del lutto e nuova Internazionale*. Milão: Cortina, 1994.
[*Espectros de Marx: O estado da dívida, o trabalho do luto e a nova Internacional*. Rio de Janeiro: Relume-Dumará, 1994.]

_____. «Fede e sapere: Le due fonti della 'religione' ai limiti della semplice ragione». In: DERRIDA, J.; VATTIMO, G. (Orgs.). *La religione*. Roma-Bari: Laterza, 1995. pp. 3-74.
[«Fé e saber: As duas fontes da religião nos limites da simples razão». In: *A religião: O seminário de Capri*. São Paulo: Estação Liberdade, 2000. pp. 11-89.]

DEUTSCH, M. *La décennie rouge: Une histoire allemande*. Paris: Bourgois, 2007.

DI CESARE, D. «Esilio e globalizzazione». *Iride*, 54 (2008), pp. 273-86.

_____. *Tortura*. Turim: Bollati Boringhieri, 2016.

DOSTOIÉVSKI, F. *I fratelli Karamazov*. In: _____. *Tutti i romanzi*. Florença: Sansoni, 1984.
[*Os irmãos Karamázov*. 3. ed. São Paulo: Ed. 34, 2017.]

_____. *Una delle falsità contemporanee*. In: _____. *Diario di uno scrittore*. Milão: Bompiani, 2007.

DUQUE, F. *Terrore oltre il postmoderno: Per una filosofia del terrorismo*. Pisa: Ets, 2006.

EISENZWEIG, U. *Fictions de l'anarchisme*. Paris: Bourgois, 2001.

ELTAHAWY, M. *Perché ci odiano*. Turim: Einaudi, 2015.

ENZENSBERGER, H. M. *Il perdente radicale*. Turim: Einaudi, 2007.
[*Os homens do terror: Ensaio sobre o perdedor radical*. Rio de Janeiro, Sextante, 2008.]

ERELLE, A. *Nella testa di una jihadista: Un'inchiesta shock sui meccanismi di reclutamento dello Stato islamico*. Milão: tre60, 2015.

ESPOSITO, R. *Immunitas: Protezione e negazione della vita*. Turim: Einaudi, 2002.

_____. *Bíos: Biopolitica e filosofia*. Turim: Einaudi, 2004.
[*Bios: Biopolítica e filosofia*. Belo Horizonte: Ed. UFMG, 2017.]

_____. *Dieci pensieri sulla politica*. Bolonha: il Mulino, 2011.

_____. *Da fuori: Una filosofia per l'Europa*. Turim: Einaudi, 2016.

FERRAGU, G. *Histoire du terrorisme*. Paris: Perrin, 2014.

FILIU, J.-P. *L'Apocalypse dans l'islam*. Paris: Fayard, 2008.

FLORES D'ARCAIS, P. *La guerra del Sacro: Terrorismo, laicità e democrazia radicale*. Milão: Cortina, 2016.

FOLLOROU, J. *Démocraties sous contrôle: La victoire posthume d'Oussama Ben Laden*. Paris: CNRS, 2014.

FOTTORINO, É. (Org.). *Qui est Daech? Comprendre le nouveau terrorisme*. Paris: «Le 1»-Philippe Rey, 2015.
[*Quem é o Estado Islâmico? Compreendendo o novo terrorismo*. Belo Horizonte: Autêntica, 2016.]

FOUCAULT, M. *Taccuino persiano*. Org. de R. Guolo e P. Panza. Milão: Guerini e Associati, 1998.

FUKUYAMA, F. *La fine della storia e l'ultimo uomo*. Milão: Rizzoli, 2003.
[*O fim da história e o último homem*. Rio de Janeiro: Rocco, 1992.]

GALLI, C. *La guerra globale*. Roma-Bari: Laterza, 2002.

GAUCHET, M. *Le désenchantement du monde: Une histoire politique de la religion*. Paris: Gallimard, 1985.

_____. *La religion dans la démocratie: Parcours de la laïcité*. Paris: Gallimard, 1998.

GAYRAUD, J.-F.; SÉNAT, D. *Le terrorisme*. Paris: PUF, 2002.

GIGLIOLI, D. *All'ordine del giorno e il terrore*. Milão: Bompiani, 2007.

GIRO, M. *Noi terroristi: Storie vere dal Nordafrica a Charlie Hebdo*. Milão: Guerini e Associati, 2015.

GLUCKSMANN, A. *Dostoevskij a Manhattan*. Florença: Liberal Libri, 2002.

_____. *Occidente contro Occidente*. Turim: Lindau, 2004.

GRAY, J. *Al Qaeda e il significato della modernità*. Roma: Fazi, 2004.
[*Al-Qaeda e o que significa ser moderno*. Rio de Janeiro: Record, 2004.]

GROS, F. *États de violence: Essai sur la fin de la guerre*. Paris: Gallimard, 2006.
[*Estados de violência: Ensaio sobre o fim da guerra*. Aparecida, SP: Ideias & Letras, 2009.]

GUENIFFEY, P. *La politique de la Terreur: Essai sur la violence révolutionnaire 1789-1794*. Paris: Gallimard, 2000.

GUEVARA, CHE E. *La guerra di guerriglia*. Milão: Baldini&Castoldi, 1996.
[*A guerra de guerrilhas*. 3. ed. São Paulo: Edições Populares, 1982.]

GUIDERE, M. *Terreur: La nouvelle ere. Des Twin Towers a Charlie*. Paris: Autrement, 2015.

GUOLO, R. *L'ultima utopia: Gli jihadisti europei*. Milão: Guerini e Associati, 2015.

HABERMAS, J. «Die Moderne: ein unvollendetes Projekt». *Die Zeit*, 19 set. 1980.

_____. *L'Occidente diviso*. Roma-Bari: Laterza, 2005.
[*O Ocidente dividido*. Rio de Janeiro: Tempo Brasileiro, 2006.]

HARMAN, C. *The Prophet and the Proletariat: Islamic Fundamentalism, Class and Revolution*. Londres: Socialist Workers Party, 1999.

HARRIS, S. *The End of Faith: Religion, Terror, and the Future of Reason*. Sidney: Simon & Schuster, 2004.
[*A morte da fé: Religião, terror e o futuro da razão*. São Paulo: Companhia das Letras, 2009.]

HEGEL, G. W. F. *Fenomenologia dello spirito*. Florença, La Nuova Italia, 1973.
[*Fenomenologia do espírito*. 9. ed. Petrópolis, Bragança Paulista: Vozes, EdUSF, 2014.]

HEIDEGGER, M. «Lettera sull'‘umanismo'». In: _____. *Segnavia*. Milão: Adelphi,1987.
[«Carta sobre o humanismo». In: *Marcas do caminho*. Petrópolis: Vozes, 2008.]

_____. *La questione dell'essere*. In: Jünger, E.; Heidegger, M. *Oltre la linea*. Milão: Adelphi, 1989.
[*Sobre o problema do ser*. São Paulo: Duas Cidades, 1969.]

_____. *Essere e tempo*. Milão: Longanesi, 2014. [*Ser e tempo*. 10. ed. Petrópolis, Bragança Paulista: Vozes, EdUSF, 2015.]

_____. *Riflessioni XII-XV (Quaderni neri 1939-1941)*. Milão: Bompiani, 2016.

HEISBOURG, F. *Iperterrorismo: La nuova guerra*. Roma: Meltemi, 2002.

HÉNAFF, M. *Figure della violenza: Ira, terrore, vendetta*. Roma: Castelvecchi, 2016.

HILLMAN, J. *Un terribile amore per la guerra*. Milão: Adelphi, 2005.

HOBBES, T. *Leviatano*. Roma-Bari: Laterza, 1974.
[Leviatã. São Paulo: Edipro, 2015.]

_____. *Do cidadão*. São Paulo: Edipro, 2016.

HORGAN, J. *Psicologia del terrorismo*. Milão: Edra, 2015.

HORKHEIMER, M. «Politik und Soziales». In: Schmidt, A; Schmid Noerr, G. *Gesammelte Schriften*, VIII. *Vorträge und Aufzeichnungen 1949-1973*. Frankfurt: Fischer, 1985.

HUNTINGTON, S. P. *Lo scontro delle civiltà e il nuovo ordine mondiale*. Milão: Garzanti, 2000.
[*O choque de civilizações e a recomposição da ordem mundial*. Rio de Janeiro: Objetiva, 1997.]

IANES, D. (Org.). *Parlare di Isis ai bambini*. Trento: Erickson, 2016.

JUERGENSMEYER, M. *Terroristi in nome di Dio*. Roma-Bari: Laterza, 2003.

JÜNGER, E. *Récits d'un passeur de siècle, entretiens avec Frédéric de Towarnicki*. Paris: Rocher, 2000.

JUZIK, J., *Le fidanzate di Allah: Volti e destini delle kamikaze cecene.* Roma: manifestolibri, 2004.

KANT, I. *Il conflitto delle facoltà.* In: _____. *Scritti di filosofia della religione.* Milão: Mursia, 1989.
[*O conflito das faculdades.* Lisboa: Edições 70, 1993.]

KEEGAN, J. «Why the new terrorism threatens all of humanity». *The Telegraph*, 25 out. 2001. Disponível em: http://www.telegraph.co.uk/comment/4266434/Why-the-new-terrorism-threatens-all-of-humanity.html.

KEPEL, G. *Oltre il terrore e il martirio.* Milão: Feltrinelli, 2009.

_____. *Terreur dans l'hexagone: Genèse du jihad français.* Paris: Gallimard, 2015.

_____. *La fracture.* Paris: Gallimard, 2016.

_____. *Radicalisation.* Paris: Éditions de la Maison des Sciences de l'Homme, 2014.

KHOSROKHAVAR, F. *I nuovi martiri di Allah.* Milão: Bruno Mondadori, 2003.

LAQUEUR, W. *Storia del terrorismo.* Milão: Rizzoli, 1978.

_____. *L'età del terrorismo.* Milão: Rizzoli, 1987.

_____. *No End to War: Terrorism in the Twenty-First Century.* Nova York-Londres: Continuum, 2007.

LAURENS, H.; DELMAS-MART, M. *Terrorismes: Histoire et droit*. Paris: CNRS, 2010.

Le Moniteur universel, reimp. Paris: Plon, 1947. T. 17.

LEIRIS, A. *Non avrete il mio odio*. Milão: Mondadori, 2016.

LÊNIN, V. I. *I compiti immediati del potere sovietico* [*Pravda*, n. 83, *Izvestia* n. 85, mar.-abr. 1918]. In: _____. *Opere complete*. Roma: Edizioni Rinascita-Editori Riuniti, 1954-1970.
[*As tarefas imediatas do poder soviético. In: Obras escolhidas II*. São Paulo: Alfa-Ômega, 1988.]

_____. «Lettera agli operai americani» [*Pravda*, n. 178, 22 ago. 1918]. In: _____. *Opere complete*. Roma: Edizioni Rinascita-Editori Riuniti, 1954-1970.
[«Carta aos operários americanos». In: *Obras escolhidas II*. São Paulo: Alfa-Ômega, 1988.]

LEVINAS, E. *Altrimenti che essere o al di la dell'essenza*. Milão: Jaca Book, 1983.

_____. *Totalità e infinito: Saggio sull'esteriorità*. Milão: Jaca Book, 1986.
[*Totalidade e infinito*. Lisboa: Edições 70, 1980.]

LÖWY, M. «Opium du peuple? Marxisme critique et religion». *Contretemps*, 12 (2005). Disponível em: http://www.contretemps.eu/opium-peuplemarxisme-critique-religion.
[«Ópio do povo? Marxismo crítico e religião». *Revista Movimento*. Disponível em: https://movimentorevista.com.br/2018/04/opio-do-povo-marxismo-critico-e-religiao-michael-lowy/.]

LYOTARD, J.-F. La condizione postmoderna. Rapporto sul sapere. Milão: Feltrinelli, 2014.
[A condição pós-moderna. Rio de janeiro: José Olympio, 2015.]

MALRAUX, A. Il triangolo nero: Laclos, Goya, Saint-Just. Milão: SE, 2004.

MARTELLI, M. Teologia del terrore: Filosofia, religione e politica dopo l'11 settembre. Roma: manifesto libri, 2005.

MARTIN, J.-C. La Terreur: part maudite de la Révolution. Paris: Gallimard, 2010.

MARX, K. «Per la critica della filosofia del diritto di Hegel». In: Gruppi, L. (Org.). Le opere. Roma: Editori Riuniti, 1966. pp. 55-71. [Crítica da filosofia do direito de Hegel. São Paulo: Boitempo, 2013.]

_____. Il Capitale. Roma: Editori Riuniti, 1974. [O capital. 31. ed. Rio de Janeiro: Civilização Brasileira, 2017.]

MARX, K. BAKUNIN, M. Socialisme autoritaire ou libertaire?. Org. de G. Ribeill. Paris: Union générale d'éditions, 1985.

MERAH, A. Mon frère, ce terroriste. Paris: Calmann-Lévy, 2012.

MERLEAU-PONTY, M. Umanismo e terrore: Le avventure della dialettica. Milão: SugarCo, 1965.
[Humanismo e terror: Ensaio sobre o problema comunista. Rio de Janeiro: Tempo Brasileiro, 1968; e As aventuras da dialética. São Paulo: Martins Fontes, 2006.]

MOMEN, M. *An Introduction to Shi'i Islam*. New Haven-Londres: Yale University Press, 1985.

MULLEN, J. *Beheading of American Journalist James Foley Recalls Past Horrors*. cnn, 20 ago. 2014. Disponível em: http://edition.cnn.com/2014/08/19/world/meast/isis-james-foley/.

MURAY, P. *Chers djihadistes*. Paris: Mille et une nuits, 2002.

NAPOLEONI, L. *Isis: Lo Stato del terrore. Chi sono e cosa vogliono le milizie islamiche che minacciano il mondo*. Milão: Feltrinelli, 2014.

NEYRAT, F. *Le terrorisme: un concept piégé*. Paris: Ère, 2011.

NIETZSCHE, F. *Idilli di Messina. La gaia scienza. Frammenti postumi 1881-1882*. In: Colli, G.; Montinari, M. (Orgs.). *Opere*. Milão: Adelphi, 1964.
[*A gaia ciência*. São Paulo: Lafonte, 2017.]

_____. *Il crepuscolo degli idoli*. In: Colli, G.; Montinari, M. (Orgs.). Opere. Milão: Adelphi, 1964.
[*Crepúsculo dos ídolos*. São Paulo: Lafonte, 2018.]

ORY, P. *Ce que dit Charlie: treize leçons d'histoire*. Paris: Gallimard, 2016.

OULD SLAHI, M. *Dodici anni a Guantanamo*. Org. de L. Siems. Milão: Piemme, 2015.

QUTB, S. *In the Shade of the Qur'ān*. Leicester: The Islamic Foundation, 1998.

RABINOVITCH, G. *Terrorisme-résistance: d'une confusion lexicale a l'époque des sociétés de masse*. Paris: Le bord de l'eau, 2014.

RECHTMAN, R. «L'ambition genocidaire de Daech». In: Truong, N. (Org.). *Résister à la terreur*. Paris: Le Monde-Nouvelles éditions de l'Aube, 2016.

REGAZZONI, S. *Stato di legittima difesa: Obama e la filosofia della guerra al terrorismo*. Milão: Ponte alle Grazie, 2013.

REUTER, C. *La mia vita è un'arma: Storia e psicologia del terrorismo suicida*. Milão: Longanesi, 2004. [*A minha vida é uma arma: Uma história moderna dos bombistas suicidas*. Lisboa: Antígona, 2006.]

RISEN, J.; POITRAS, L. «N.S.A. Gathers Data on Social Connections of U.S.Citizens». *New York Times*, 28 set. 2013. Disponível em: http://www.nytimes.com/2013/09/29/us/nsa-examines-social-network-sof-us-citizens.html

ROBIN, C. *Fear. The History of a Political Idea*. Oxford-Nova York: Oxford University Press, 2004.

ROY, O. *La santa ignoranza: Religioni senza cultura*. Milão: Feltrinelli, 2009.

_____. *La paura dell'islam: Conversazioni con Nicolas Truong*. Milão: RCS, 2016.

_____. *Le jihad et la mort*. Paris: Seuil, 2016.

SACCO, L. *Kamikaze e Shahid: Linee guida per una comparazione storico-religiosa*. Roma: Bulzoni, 2005.

SAINT-JUST, L. DE. «Rapport au nom du Comité de salut public et du Comité de sûreté générale sur les personnes incarcérées». In: _____. Œuvres complètes. Paris: Gallimard, 2004.

SALAZAR, P.-J. *Parole armate: Quello che l'Isis ci dice. E che noi non capiamo*. Milão: Bompiani, 2016.

SANTO AGOSTINHO, *La città di Dio*.
[*A cidade de Deus*. 11. ed. Petrópolis: Vozes, 2009.]

SCHMITT, C. *La dittatura: Dalle origini dell'idea moderna di sovranità alla lotta di classe proletaria*. Roma-Bari: Laterza, 1976.

_____. «Il concetto di 'politico'». In: _____. *Le categorie del «politico»*. Bolonha: il Mulino, 2012.
[*O conceito do político*. In: _____. *O conceito do político; Teoria do partisan*. Belo Horizonte: Del Rey, 2009.]

_____. *Teoria del partigiano: Integrazione al concetto del politico*. Milão: Adelphi, 2012.
[*Teoria do partisan*. In: _____. *O conceito do político; Teoria do partisan*. Belo Horizonte: Del Rey, 2009.]

SEELOW, S. «C'est Charlie, venez vite, ils sont tous morts». *Le Monde*, 13 jan. 2015. Disponível em: http://www.lemonde.fr/societe/article/2015/01/13/c-est-charlie-venez-vite-ils-sont-tous-morts_4554839_3224.html.

SÉMELIN, J. *Purificare e distruggere: Usi politici dei massacri e dei genocidi*. Turim: Einaudi, 2007.

SIBONY, D. *Le Grand Malentendu: Islam, Israël, Occident*. Paris: Odile Jacob, 2015.

SLOTERDIJK, P. *Ira e tempo: Saggio politico-psicologico*. Roma: Meltemi, 2007.
[*Ira e tempo: Ensaio político-psicológico*. São Paulo: Estação Liberdade, 2012.]

_____. *Il furore di Dio: Sul conflitto dei tre monoteismi*. Milão: Cortina, 2008.

_____. *Im Schatten des Sinai*. Frankfurt: Suhrkamp, 2013.

_____. *Sfere III: Schiume. Sferologia plurale*. Milão: Cortina, 2015.

SOFSKY, W. *Saggio sulla violenza*. Turim: Einaudi, 1998.

_____. *L'ordine del terrore: Il campo di concentramento*. Roma-Bari: Laterza, 2004.

_____. *Rischio e sicurezza*. Turim: Einaudi, 2005.

SOMMIER, I. *Le terrorisme*. Paris: Flammarion, 2000.

SONTAG, S. *Davanti al dolore degli altri*. Milão: Mondadori, 2003.
[*Diante da dor dos outros*. São Paulo: Companhia das Letras, 2011.]

STERN, J. *The Ultimate Terrorists*. New Haven: Harvard University Press, 2000.

STRADA, V. *Etica del terrore: Da Fëdor Dostoevskij a Thomas Mann*. Florença: Liberal libri, 2008.

SVENDSEN, L. FR. H. *Filosofia della paura: Come, quando e perché la sicurezza e diventata nemica della libertà*. Roma: Castelvecchi, 2010.

TERESTCHENKO, M. *L'ère des ténèbres*. Paris: Le bord de l'eau, 2015.

TOSCANO, R. *La violenza, le regole*. Turim: Einaudi, 2006.

TOSINI, D. *Terrorismo e antiterrorismo nel XXI secolo*. Roma-Bari: Laterza, 2007.

TOWNSHEND, C. *La minaccia del terrorismo*. Bolonha: il Mulino, 2004.

TRUONG, N. (Org.). *Résister à la terreur*. Paris: Le Monde/Éditions de l'Aube, 2016.

TURGUÊNIEV, I. S. *Padri e figli*. In: _____. *Romanzi*. Milão: Mondadori, 1991.
[*Pais e filhos*. 3. ed. São Paulo: Cosac Naify, 2015.]

_____. *Memorie letterarie*. Florença: Passigli, 1992.

UPDIKE, J. *Terrorista*. Parma: Guanda, 2007. [*Terrorista*. São Paulo: Companhia das Letras, 2007.]

VALLAT, D. *Terreur de Jeunesse*. Paris: Calmann-Lévy, 2016.

VAN RENTERGHEM, M. «Les frères Kuoachi, une jeunesse française». *Le Monde*, 13 fev. 2015.

VENTURI, F. *Il populismo russo, I. Herzen, Bakunin, Černyševskij*. Turim: Einaudi, 1972.

VIRILIO, P. *Lo spazio critico*. Bari: Dedalo, 1988.
[*O espaço crítico e as perspectivas do tempo real*. Rio de Janeiro: Ed. 34, 1999.]

WAHNICH, S. *La liberté ou la mort: Essai sur la Terreur et le terrorisme*. Paris: La Fabrique, 2003.

WALTHER, R. «Terror, Terrorismus». In: _____. *Geschichtliche Grundbegriffe: Historisches Lexikon zur politisch-sozialen Sprache in Deutschland*, Band 6. Stuttgart: Klett-Cotta, 1990. pp. 323-444.

WALZER, M. *Guerre giuste e ingiuste: Un discorso morale con esemplificazioni storiche*. Roma-Bari: Laterza, 2009.
[*Guerras justas e injustas: Uma argumentação moral com exemplos históricos*. São Paulo: Martins Fontes, 2003.]

WARRICK, J. *Bandiere nere: La nascita dell'Isis*. Milão: La nave di Teseo, 2016.

WATTS, M. «Revolutionary Islam: A Geography of Modern Terror». In: Gregoy, D.; Pred, A. *Violent Geographies: Fear, Terror, and Political Violence*. Nova York: Routledge, 2007. pp. 175-204.

WIEVIORKA, M. *La violence*. Paris: Hachette, 2005.

ZAFIROVSKI, M.; RODEHEAVER, D. G. (Orgs.). *Modernity and Terrorism: From Anti-Modernity to Modern Global Terror*. Chicago: Haymarket Books, 2014.

ZINEB EL RHAZOUI, *13 – Zineb Raconte l'enfer du 13 novembre*. Paris: Ring, 2016.

ŽIŽEK, S. *Benvenuti nel deserto del reale*. Roma: Meltemi, 2002. [*Bem-vindo ao deserto do real*. São Paulo: Boitempo, 2013.]

_____. *In difesa delle cause perse*. Milão: Ponte alle Grazie, 2009. [*Em defesa das causas perdidas*. São Paulo: Boitempo, 2015.]

_____. *Žižek presenta Trockij: «Terrorismo e comunismo»*. Milão: Mimesis, 2010.

_____. *L'islam e la modernita: Riflessioni blasfeme*. Milão: Ponte alle Grazie, 2015.

_____. *La nuova lotta di classe: Rifugiati, terrorismo e altri problemi coi vicini*. Milão: Ponte alle Grazie, 2016.

BIBLIOTECA ANTAGONISTA

1. ISAIAH BERLIN | **Uma mensagem para o século XXI**

2. JOSEPH BRODSKY | **Sobre o exílio**

3. E. M. CIORAN | **Sobre a França**

4. JONATHAN SWIFT | **Instruções para os criados**

5. PAUL VALÉRY | **Maus pensamentos & outros**

6. DANIELE GIGLIOLI | **Crítica da vítima**

7. GERTRUDE STEIN | **Picasso**

8. MICHAEL OAKESHOTT | **Conservadorismo**

9. SIMONE WEIL | **Pela supressão dos partidos políticos**

10. ROBERT MUSIL | **Sobre a estupidez**

11. ALFONSO BERARDINELLI | **Direita e esquerda na literatura**

12. JOSEPH ROTH | **Judeus errantes**

13. LEOPARDI | **Pensamentos**

14. MARINA TSVETÁEVA | **O poeta e o Tempo**

15. PROUST | **Contra Sainte-Beuve**

16. GEORGE STEINER | **Aqueles que queimam livros**

17. HOFMANNSTHAL | **As palavras não são deste mundo**

18. JOSEPH ROTH | **Viagem na Rússia**

19. ELSA MORANTE | **Pró ou contra a bomba atômica**

20. STIG DAGERMAN | **A política do impossível**

21. MASSIMO CACCIARI - PAOLO PRODI | **Ocidente sem utopias**

22. ROGER SCRUTON | **Confissões de um herético**

23. DAVID VAN REYBROUCK | **Contra as eleições**

24. V.S. NAIPAUL | **Ler e escrever**

25. DONATELLA DI CESARE | Terror e modernidade